Monika Krumbach

Erlebniswerkstatt
Menschen – Tiere – Pflanzen – Strukturen

Monika Krumbach

Erlebniswerkstatt
Menschen – Tiere – Pflanzen – Strukturen

Projekte für Kinder und Jugendliche
mit Ton und anderen Materialien

Hanusch Verlag

Verlag und Autorin haben alle Inhalte nach bestem Wissen und mit größter Sorgfalt zusammengestellt und überprüft. Dennoch kann keinerlei Haftung für Schäden welcher Art auch immer übernommen werden. Alle in diesem Buch vorgestellten Ideen und Gestaltungsvorschläge sind geistiges Eigentum der Autorin. Eine kommerzielle Verwendung darf nur mit schriftlicher Zustimmung der Autorin erfolgen.

Bitte beachten
In allen Bereichen keramischen Gestaltens mit entsprechenden Chemikalien sowie im Umgang mit Glas, Plastik, Metall und sonstigen im Buch beschriebenen Werkzeugen und Verfahren ist die übliche Vorsicht und Sorgfalt geboten, um Verletzungen und Gesundheitsschäden zu vermeiden. Bei den verwendeten Werkstoffen kann nie ausgeschlossen werden, dass sich Fasern lösen. Nichts verschlucken und einatmen. Bitte nur geprüfte Markenprodukte verwenden. Im Zweifelsfall Handschuhe, Schutzbrille, leichte Staubschutzmaske tragen. Manche Substanzen können bei empfindlichen Personen Allergien hervorrufen. Kinder bitte nie unbeaufsichtigt arbeiten lassen und speziell bei Werkzeugen (Scheren, Nadeln) nur kindgerechte Modelle benutzen. Manche Vorarbeiten (Sägen, Bohren) sollten ausschließlich von Erwachsenen ausgeführt werden.

Fachlektorat:	Wolf Matthes
Lektorat:	Dieter Krumbach
Satz:	Martin Kring, Lahnstein
Druck:	Druckerei Dimograf, Bielsko-Biala
Fotos und Skizzen:	Monika Krumbach (Ausnahmen siehe Danksagung)

Monika Krumbach
Erlebniswerkstatt Menschen – Tiere – Pflanzen – Strukturen
Projekte für Kinder und Jugendliche mit Ton und anderen Materialien
ISBN 978-3-936489-34-7

Alle Rechte, auch die der fotomechanischen und
elektronischen Wiedergabe, vorbehalten
Copyright © 2011
Hanusch Verlag
Zeppelinstraße 11
56075 Koblenz
Internet: Hanusch-Verlag.de
e-mail: info@Hanusch-Verlag.de

INHALT

Menschen, Tiere, Pflanzen, Strukturen	6
Im Sauseschritt durch die Geschichte	8
Materialien und Werkstoffe	9
Mit offenen Augen: Vorspiele	10
Streifzug durch den öffentlichen Raum	10
Die Struktur der Natur	12
Lebende Bilder: Bildhauerspiele	14
Grundprinzipien erforschen	16
Kapitel 1: Ton und Modellieren	18
Etwas Theorie: Ton und Formmassen	20
Menschenbilder: Kleine Köpfe	22
Großformate: Köpfe und Gesichter	24
Details und Fragmente	26
Stilisierte Figuren	28
Kinder in den besten Jahren: Menschen lebensnah	30
Oberflächen und Effekte	32
Unser Museum: Präsentation	34
Figurengruppen, Szenarien, persönlicher Stil	36
Karikatur und Verfremdung	38
Menschen und Masken	40
Zoo und Wildbahn: Grundlagen Tierfiguren	42
Besuch in der Eiszeit: Mammut	44
Mini, mini: Freundschaftsbänder mit Miniaturen	46
Pflanzenmotive: Pilze, Baobab	48
Vogeltränke: Sonnenblumen	50
Kleine Giganten: Insekten-Reliefs	52
Der bunte Hund: Relief-Spielereien	54
Leben im Wasser	56
Straße der Kinderrechte	58
Kapitel 2: Weitere Werkstoffe	60
Experimente mit Stein und Gips	62
Steinminiaturen: Amulette mit Speckstein	64
Gips gießen: Skarabäus und „Marmor"	66
Sandstein-Tiere	68
Leichtgewichte aus Beton	70
Schnecken-Workshop	72
Falten und Knittern: Papier und Pappe	74
Besuch im Mikroskop: Einzeller	74
Blütentaumel: Riesenschmetterlinge	76
Schatten aus der Vorzeit: Dinos	78
Szenen aus dem Vogelleben	80
Voll getarnt: Chamäleons und Echsen	82
Kunst am Kind – Figurenkunst	84
Schöne Köpfe	86
Holz und Pflanzenmaterial	88
Wald-Kunst	88
Traumvögel	90
Rosa, das Nilpferd: Stifthalter	92
„Kakteen"-Sammlung	94
Spielereien mit Metall	96
Gips und Draht: Menschen im Wind	98
Das Röhren im Walde: „Stahl"-Hirsche	100
Feuerskulptur	102
Nicht für die Ewigkeit: Recycling	104
Blumenwiese	104
Flaschengeister	106
Umgarnt und umschlungen: Textilprojekte	108
Fresstour: Raupen unterwegs	108
Zwergenschar	110
Im Korallenriff	112
Kunst zum Aufessen	114
Skizzen/Schablonen	116

Menschen, Tiere, Pflanzen, Strukturen

Die lebendige Welt erfassen und nachgestalten: Von klein auf haben Kinder den Drang, sehend und fühlend die Dinge ihrer unmittelbaren Umgebung abzubilden und selber neu zu erfinden. Menschen, Tiere, Pflanzen und Strukturen sind eine unerschöpfliche Quelle für Gedanken und Motive.

In unserem komplexen Alltag überwiegen ab der Schulzeit geistige Tätigkeiten. Moderne Technik, PC und Medien befördern uns in virtuelle Welten und abstrakte Zusammenhänge, die unmittelbar nicht mehr zu begreifen sind. Der Umgang mit vielfältigen unkomplizierten Werkstoffen hilft, die Bodenhaftung nicht ganz zu verlieren, die Kraft der eigenen Hände zu spüren, Geschick zu entwickeln, Improvisieren zu lernen und intensive innere Bezüge zu den dargestellten Wesen aufzubauen. Die Neugier ist geweckt.

Vor allem ist das Buch Erlebnis-orientiert konzipiert. Hier zählen nicht nur schöne ansprechende Ergebnisse. Wichtiger ist der Weg dahin, das kreative Mitdenken, Vor-Spielen, Entdecken, die Aktion, der Schaffensprozess. Neben klassischen Dauerbrennern wie Gesicht und Figur finden Sie hauptsächlich frische Themen, mit denen Kinder sich gerne länger weiter beschäftigen. Wählen Sie statt des hundertsten Entchens oder Kätzchens ruhig auch skurrile Vorgaben. Nebenbei gewinnen die Kinder wichtige Erkenntnisse über Tiere, Pflanzen und Zusammenhänge. Automatisch sehen sie die Welt mit neuen schärferen Augen: Wie wächst diese und jene Baumart in die Höhe, wie bewegen wir uns eigentlich, warum finden wir die wuscheligsten Tiere am liebsten, wie viele verschiedene Ohr-Formen gibt es … Anregungen und Ausblicke finden sich in Sonderkästen „Tipps für Kids". Einleitend werden gestalterische Grundprinzipien mit Ton und Modelliermassen ausprobiert. Darauf folgen vielfältige Materialien und spielerische Techniken, auch mit unkonventionellem Materialmix. Dabei schrecken wir auch vor ungewohnten Dimensionen von Mikroorganismen und Insekten bis zu Mammuts und Schatten-Sauriern nicht zurück und lassen Vorurteile fallen, wenn etwa die gefräßigen Raupen gar nicht „eklig" sind. Auch Fantasiegestalten treten auf und bei allem bleibt viel Raum für eigene Experimente.

Verlag und Autorin wünschen viel Spaß und spannende Erlebnisse.

Der 28 cm hohe „Löwenmensch" aus Mammut-Elfenbein wurde auf der Schwäbischen Alb gefunden und ist über 30 000 Jahre alt. Er inspirierte die kleine Gartenfigur aus unglasiertem Ton.

Im Sauseschritt durch die Geschichte

Bereits zu prähistorischen Zeiten vor Zehntausenden von Jahren, als unsere Vorfahren noch lange nicht sesshaft waren, hatten sie schon das Bedürfnis, Dinge nachzubilden. Neben ersten Ritzversuchen und Höhlenmalereien gehörten dreidimensionale Figuren von Tieren und Menschen zu den frühesten Kunstwerken. Als Material diente das, was die Umgebung bot. Schnitzereien aus Knochen und Elfenbein, Steinfiguren, Lehmskulpturen sind uns erhalten. Was die Menschen vielleicht an vergänglichen Stoffen wie Holz oder Rinde verarbeiteten, können wir heute nur noch vermuten.

Die Darstellungen drehten sich zunächst um den aufregenden Alltag mit seinen Herausforderungen und um Kulte. Lebendig und ergreifend wurden Jagdtiere und Gestalten aus der Mythologie nachgebildet. Seit den ersten Hochkulturen wurden dann Herrscher und Gottheiten in Terrakotta und Stein und später in Metall verewigt, wohl um sie ideell zu erhöhen und ihre Abbilder für die Nachwelt zu erhalten. Wir alle kennen altägyptische Pharaonen, griechische und römische Helden, europäische Herrscher und Feldherren in Eisen und Marmor, Charaktere der Weltreligionen als sakrale Kunstwerke.

Seit dem 20. Jahrhundert hat sich die Bandbreite stark erweitert. Abstrakte Ideen, Gegenstandsloses, Verfremdungen oder absichtlich hässliche provozierende Motive rückten immer mehr in den Vordergrund. Gleichzeitig arbeiten Künstler mit neuartigen Materialien wie Kunststoff, Styropor, Glasfasern, Kunststein etc. Mit wachsendem Umweltbewusstsein werden auch Zufallsfunde aus der Natur und Abfälle als Werkstoffe immer beliebter. Aus allen diesen Bereichen hat unser Buch Anregungen übernommen.

Materialien und Werkstoffe

Viele Ideen aus diesem Buch lassen sich auf mehrere Weisen mit unterschiedlichen Werkstoffen umsetzen. Im ersten Teil stehen Ton und Modelliermassen im Vordergrund, später weitere Materialien aus Haushalt und Bastelladen. Gehen Sie großzügig und unerschrocken ans Werk, wandeln Sie ab, improvisieren Sie mit Vorhandenem. Motto: weniger Aufwand, mehr Effekt. Die Kinder lernen Materialeigenschaften aus eigener Anschauung kennen und geschickt einzusetzen.

Bitte jüngere Kinder nie allein hantieren lassen! Bei allen tollen bunten Bastelvorschlägen vorsichtig und sparsam mit Werkstoffen umgehen. Wo möglich Recyclingmaterialien und mehrmals Verwertbares einsetzen. Ausrangierte Objekte und Reste fachgerecht entsorgen. Giftfreie, umweltverträgliche, Allergiegetestete Produkte wählen. Markenhersteller z.B. von Modelliermassen stellen alle relevanten Informationen im Internet zur Verfügung.

Keramik
Gebrannter Ton hält eine Ewigkeit. Leider verschlingen Aufbereitung und Brand aber sehr viel Energie. So gern wir mit Ton arbeiten – Keramik sollte eher nur für aufwändige, langlebige Projekte in Frage kommen, z.B. für Porträtköpfe oder Gartenfiguren.

Lehm und Ton
Großformatige Tonobjekte, bei denen es eher um den Spaß beim Formen geht, müssen nicht unbedingt gebrannt werden. Es ist sogar sehr reizvoll, sie im Freien aufzustellen und mit der Zeit verwittern zu lassen.

Formmassen
Die Industrie bietet eine Fülle moderner High-Tech-Produkte von bunter Knete mit teilweise raffinierten Effekten bis zu aushärtenden Modelliermassen. An entsprechenden Stellen werden sie kurz vorgestellt. Sie sind nicht eben billig und eher für kleinere Objekte geeignet. Im Gegensatz zu Keramik lassen sie sich auch nachträglich bearbeiten, sägen, glätten.

Stein und steinartige Werkstoffe
Für kleine Materialexperimente reichen Findlinge vom Spaziergang. Ziegel und Gasbeton (Porenbeton) sowie Gips aus dem Baumarkt sind ein günstiger Einstieg, ebenso Speckstein.

Papier und Pappe
Leicht, schwerelos, einfach zu verarbeiten. Spezialeffekte sind mit Transparent- und Tonpapier in kräftigen Farbtönen zu erreichen. Zeitungspapier, Eierkartons, alte Poster und Glanzpapiere (Zeitschriften, Kataloge) am besten auf Vorrat sammeln.

Holz
Brettchen aus der Restekiste, Äste und Wurzelstücke, Zufallsfunde vom Waldspaziergang lassen sich mit gewöhnlichen Haushaltswerkzeugen leicht bearbeiten.

Metall
Metall ist von allen vorgestellten Werkstoffen am aufwändigsten zu verarbeiten. Schmieden, Gießen, Walzen, Löten etc. sind anspruchsvolle Prozesse. Spielerische Annäherungsversuche mit Draht, Blech, Folie und Altmaterial sind dagegen einfach umsetzbar.

Plastik und Altstoffe
Saubere Becher, Flaschen, Deckel, Tablettendöschen, Trinkhalme, bunte Tüten, Luftballons versprechen ungeahnte Verwendungsmöglichkeiten. Die Ergebnisse sind nicht für die Ewigkeit, dafür aber gratis. Gute Materialeigenschaften: wasserdicht, durchsichtig, leicht. Am besten auf Vorrat sammeln. Ausrangierte „Kunstobjekte" werden recycelt.

Glas
Einwegflaschen, Schraub- und Einmachgläser aus dem Haushalt bestechen durch ihre im Licht leuchtenden Farben. Auf Vorrat sammeln.

Textilien
Bunt und farbenfroh gemustert, vielfältige Strukturen. Stoffe und Gewebe sind ideal für schnelle dreidimensionale Bastelprojekte. Viele Reste finden sich im Haushalt. Zusätzliche Farbtupfer mit Bastelfilz, Filzwolle.

Werkzeuge
Spezielle Arbeitsgeräte sind jeweils an entsprechender Stelle aufgelistet. Meist reichen Haushaltswerkzeuge. Dabei bitte auf kindergerechte Ausführung achten, z.B. Schere mit abgerundeter Spitze, stumpfe Stopfnadel. Lineal, Bleistift, Schere, Pinsel, Wasserbecher, Alleskleber, Nadel und Faden etc. werden als vorhanden vorausgesetzt und bei den Materiallisten nicht extra angeführt.

Vorbereitungen
Arbeitsflächen großzügig mit Zeitungspapier oder Spanplatte abdecken. Kinder in unempfindliche alte Hemden oder T-Shirts „verpacken".

Mit offenen Augen: Vorspiele

Streifzug durch den öffentlichen Raum

Darstellungen von Personen, Tieren, Zierornamenten begegnen uns auf Schritt und Tritt. Schon immer haben die Menschen ihren Alltag und ihre Vorstellungen künstlerisch umgesetzt.

Bei einem Stadtspaziergang stoßen wir auf vielerlei Figuren aus verschiedensten Epochen: hier ein Blumenrelief an der Hauswand, dort ein historischer Brunnen mit Fantasiegestalten, Engel und Heilige am Kirchenportal, Denkmäler berühmter Personen auf dem Marktplatz. Sie sind realistisch dargestellt oder abstrakt und verfremdet, verkleinert, im Originalmaßstab oder überlebensgroß. Museen liefern weitere ergiebige Beispiele.

Daneben finden wir überall „Gebrauchskunst". Kommerz und Werbung versuchen ebenfalls mit figürlichen Darstellungen anzusprechen, seien es Schaufensterpuppen, nachgeahmte Kunstfiguren der entsprechenden Kulturen vor dem exotischen Restaurant oder lebendige verkleidete Werbefiguren. Was macht also die Kunst aus? Wodurch unterscheidet sich eine Figur von einem Gemälde?

Figuren und Skulpturen

- Eine Skulptur zeigt, wie wir uns selber und unsere reale Welt sehen.
- Sie will dokumentieren, also z.B. bekannte oder wichtige Personen abbilden. Ebenso Kuriositäten wie exotische Tiere.
- Sie kann aber Wünsche in reale Bilder umsetzen. Fast immer ist das Dargestellte irgendwie idealisiert: Herrscher sind größer als in Wirklichkeit, Tiere gefährlicher, Gesichter schöner.
- Komplexe Skulpturen können sogar Ideen, Träume und reine Fantasievorstellungen in begreifbare Bilder umwandeln, z.B. „Engel" oder die „Hölle", die „Gerechtigkeit" als Frau mit Waage etc. Dabei muss das Dargestellte nicht schön, sondern markant, interessant, berührend sein.
- Vielen Darstellungen fehlt aber eine solche starke Aussage. Sie sind rein dekorativ gemeint und sollen einfach die Augen erfreuen und Spaß machen. Die Übergänge zwischen Kunst und Kunsthandwerk sind fließend.

Bildhauerei und plastische Darstellung

- Im Gegensatz zu – flächigen – Bildern und Gemälden erleben wir das Dargestellte räumlich, dreidimensional.
- Das Kunstwerk wirkt auf uns durch ein Zusammenspiel von Form (Dimension, Umrisse, massiv oder durchbrochen), Farbe, Oberfläche (glatt, rau, strukturiert) und Thema.
- Dazu kommen zufällige Effekte, die unsere Eindrücke verändern können: Blickwinkel, Beleuchtung, Licht- und Schatten-Effekte. In der Abenddämmerung sieht es anders aus als im Morgenlicht, ein glänzender Messingbrunnen wirkt lebhafter als barocker dunkler Sandstein.
- Ein weiterer gewaltiger Unterschied zu Bildern: Figuren sind „materiell", anfassbar. Wir spüren innerlich beim Betrachten praktisch die Berührung. Die verwendeten Werkstoffe sprechen weitere Sinne an, z.B. Holz riecht, Metall klingt.
- Sie können starr oder beweglich sein, wenn z.B. ein Künstler absichtlich Gelenke in seine Figuren einbaut, wenn sich dünne Holzpaneele im Wind wiegen.

Werbegag: „Antiker" Grieche aus Styropor.

ARTEN DER BEARBEITUNG

- Bildhauer arbeiten auf drei Arten. Nicht immer ist beim Ergebnis erkennbar, wie sie vorgingen.
- Unter Modellieren oder Plastik versteht man das Verformen oder Anfügen weiterer Details an einen groben Kern. Es kommt beim Arbeiten immer mehr Masse dazu, z.B. beim Formen mit Ton. Man kann immer wieder neu anbauen und umformen.
- Skulptur bezeichnete ursprünglich alle Techniken, bei denen aus dem vollen Holz- oder Steinblock Masse abgetragen wird, bis das gewünschte Ergebnis erreicht ist. Was einmal weg ist, kann nicht wieder ersetzt werden. Ein großes Risiko für die Künstler!
- Daneben gibt es Techniken mit Zusammenbauen, Arrangieren, Verbinden, z.B. wenn mit Stoff oder Styropor gearbeitet wird.
- Eine Zwischenform zwischen Bild und Figur bilden Reliefs, die gleichzeitig flächig und doch dreidimensional sind.

Impressionen aus dem öffentlichen Raum (Nürnberg und Schwabach. Oben Mitte „Im Zeichen des Goldes, Maria 2007" von Susanne Rudolph).

TIPPS FÜR KIDS:

FOTOSAFARI

Startet mal einen ganzen Nachmittag allein oder mit Freunden zu einer ausgiebigen Fototour durch euren Ort oder die City. Mit Digitalkamera ist es kein Problem, die Eindrücke festzuhalten und geordnet aufzuheben. Die Bildersammlung – ausgedruckt in einem Heft oder im PC – gibt schöne Anregungen.

Wenn ihr Fotos als Vorlage für eigene Werke nutzt, ist es witzig, später beides zusammen auszustellen.

← Bronze   ← weiß, Stein

heißt "River Form" Bronze von 1975 t...
(mit Wasserpfütze innen drin), innen auf
wie Grünspan
metallisc...

Sockel weiße Mauer
Skulpturen stehen im Garten
mitten zwischen den Pflanzen

Die Struktur der Natur

Auf Schritt und Tritt finden wir in der belebten Natur aufregende Dinge, die wir unbedingt sofort aufheben, anfassen oder anfühlen möchten und mit den Augen fast verschlingen: ein wuscheliges Häschen, eine pieksige Kiwano-Frucht, einen niedlich samtigen rosa Babyfuß, einen vielfach verdrehten Haselzweig, einen satten runden Flusskiesel…

Solche Strukturen sprechen unsere Sinne stark an. Sie sind in sich schon perfekte Kunstwerke mit unendlich raffinierten Bauformen. Die skurrile Baumwurzel, das elegant gewundene Schneckenhaus und selbst ein vom Wetter ausgebleichtes Tierskelett könnte ohne weitere Bearbeitung auf ein Podest gestellt werden. Das gilt nicht nur für die mit bloßem Auge sichtbare Welt. Wer die Gelegenheit hat, Kristalle, Kleinlebewesen und Einzeller durch ein Mikroskop zu betrachten, taucht ab in eine zweite formenreiche „Parallelwelt".

Die natürliche Umgebung inspiriert seit jeher die künstlerischen und handwerklichen Arbeiten der Menschen. Nicht nur Schönheit und Ästhetik – Was gefällt uns, was spricht uns an? –, sondern genauso Bauprinzipien: Welche Formen wirken statisch ausgewogen, wodurch werden sie stabil oder gut beweglich? Wie ordnen sich Einzelelemente zu einem Ganzen zusammen? Wie sind Rauminhalte und Oberflächen aufeinander abgestimmt?

Oben links: Äste, Steine, Zapfen, Fruchtkapseln, Knochen – einfache und doch raffinierte Formen.

Links: Besuch im Gartenatelier von Barbara Hepworth in Cornwall: Manche Künstler sind so fasziniert von den Grundstrukturen der Natur, dass sie sich davon zu abstrakten Werken inspirieren lassen, die dennoch organisch und lebendig wirken.

Tipps für Kids:

Schaltet auf Spaziergängen und Exkursionen automatisch euren wachen „Künstler-Röntgen-Blick" ein. Scannt die Umgebung nach interessanten Bauformen durch. Legt zu Hause mit den Funden ein „Museum" an. Allein das Suchen kann schon zur Sucht werden. Ganz zu schweigen von den vielen tollen Anregungen für eigene Kunstwerke. Bewegte und schwer transportable Funde wie Wasserfälle oder Baumriesen könnt ihr immerhin noch als Foto mit nach Hause nehmen…

Chamäleons faszinieren immer wieder: hier ein Tonrelief, später Papiermodelle. Vorbild waren unser Freund im Zoo und ein Biologiebuch.

Lebende Bilder: Bildhauerspiele

Mit Witz und sportlichem Einsatz erproben die Kinder das, was sie später erschaffen möchten. Sie versetzen sich selbst in Kunstobjekte hinein. Temperamentvolle Spiele vermitteln intensiver als jede Theorie Grundprinzipien der plastischen Darstellung. Blind erfühlen die Kinder bestimmte Posen, ordnen Gefühle entsprechenden Haltungen zu und machen sich authentische Bewegungsabläufe klar. Es geht dabei um das Formen selbst wie auch um das Finden interessanter Motive. Die Spiele zeigen, wie Ideen in reale Bilder verpackt werden und wie unterschiedlich jeder Dinge und gestalterische Feinheiten wahrnimmt und künstlerisch umsetzt.

Gefrorene Momente

Ausgelassen mit übertriebenen Bewegungen zu Hintergrundmusik tanzen. Sobald die Musik stoppt, erstarren die Kinder in der augenblicklichen Pose. Ein „Schiedsrichter"/ eine „Kunstmäzenin" geht umher und wählt bei jedem Stopp die gelungenste Figur für ihr Museum. Sie führt das entsprechende Kind zu einem Stuhl als „Podest". Darauf stehend muss es seine ursprüngliche Pose wieder einnehmen. Nach mehreren Runden ist die Statuenreihe mit allen Kindern komplett, das „Museum" kann eröffnet werden.

Tonkneten

Per Los finden sich Pärchen als „Tonklumpen" und „Töpferin" zusammen. Der in sich zusammengesunkene Ton wird von der Töpferin kräftig (aber bitte nicht gewalttätig) mit den Händen geknetet, verstrichen, verformt, eingepiekst, mit den Handkanten eingedrückt. Alle Körperteile kommen an die Reihe. Wie in der echten Keramikwerkstatt streicht die Töpferin zum Schluss alles schön glatt, bevor sie sich an die Oberflächengestaltung macht: Diese wird mit einem Schrubber „aufgeraut", mit Tüchern getupft, mit Pinseln kitzelnd bemalt etc. Schließlich kommt der geformte Ton in den „Brennofen". Dazu reibt die Töpferin die Hände schön warm und legt sie überall auf dem geformten Ton auf. Zweite Runde mit Rollentausch.

Lebender Skulpturenpark

Der eigene Körper wird an warmen Sommertagen zum Denkmal. Die gut eingecremten Kinder in Badekleidung bestreichen sich gegenseitig mit feinem weichen Tonschlicker (unschamottierte Masse mit viel Wasser einsumpfen) und bringen sich selbst oder gegenseitig in Positur. Dabei erproben sie ein bisschen Körpersprache: Wie stehen wir, wenn wir traurig sind? Wie hält sich ein schüchterner kleiner Hund, ein Angeber, ein Schlangenfänger? Sprachliche Entsprechungen werden in Bilder umgesetzt: „Ich könnte platzen vor Wut", „Er ist schlapp wie ein Waschlappen", „Sie stolziert wie ein Pfau"...

Durch die Lehmschicht wirken die Kinder reichlich verfremdet wie echte Tonskulpturen. Eine Jury hält die Ergebnisse in Fotos fest.

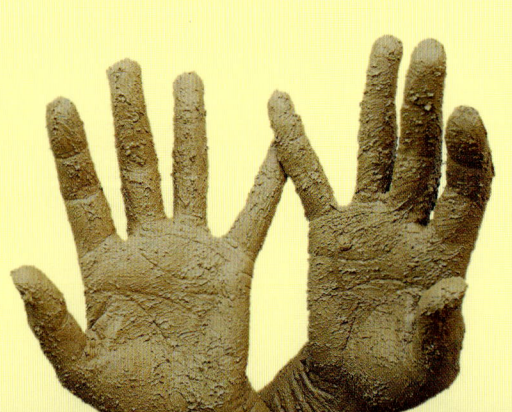

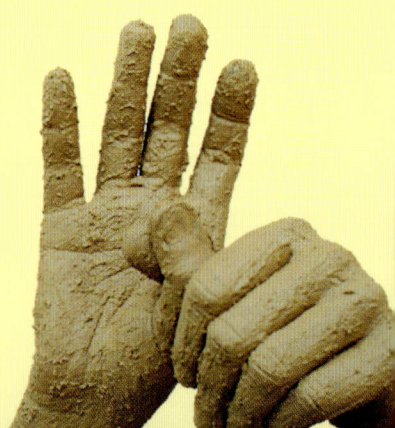

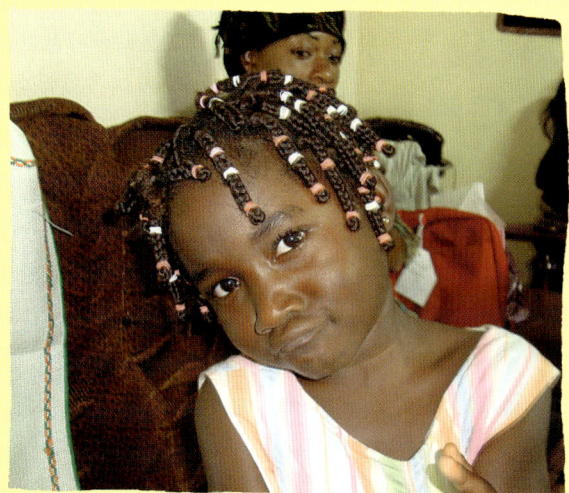
Daniella: Ein im Moment relativ zahmer Löwe.

Maximilian: Elefant in Aktion.

Matschmuseum

Für die Kleinsten: Ausrangierte Spieltiere, Barbiepuppen etc. mit Gipsbrei oder Lehmmatsch umkleiden und als Statuen mit markanten Posen zu einem umwerfenden Museum gruppieren!

Bildhauerwerkstatt

Gestik und Körperhaltung werden bewusst eingesetzt. Der aktive Part – schöpferisch formen – ist genauso spannend wie der passive – sich angenehm locker biegen und willig verrenken lassen. Die Kinder teilen sich je zur Hälfte in „Bildhauer" und rohe „Tonklumpen", die zu Statuen modelliert werden sollen. Jeder Bildhauer erhält per Los seinen „Ton". Die Bildhauer formen ihren Ton nach Vorgaben, z.B. als Volksredner, Speerwerfer, Türsteher … Welches Paar hat das Thema am besten getroffen? Zweite Runde mit Rollentausch.

Spiegelbilder

Hier geht es um Bewegungsabläufe. Immer zwei Kinder machen spiegelbildlich möglichst parallel die gleichen Bewegungen und nehmen schließlich die gleiche Pose ein. Wenn sie wollen, imitieren sie dabei eine bekannte Kunstfigur. Gewagte Haltungen wie als Storch auf einem Bein stehen oder eine Brücke machen sind besonders spannend.

Kunstfälscher

Jedes Pärchen bekommt zwei gleich große Tonklumpen. Ein Kind denkt sich eine einfache Form aus und modelliert diese langsam und bedächtig vor sich hin. Das andere als „Fälscher" versucht sie gleichzeitig möglichst genau nachzumachen.

Turbokunst

Alle modellieren schnellstmöglich faustgroße Tonstücke nach Vorgabe: Fesselnde Themen sind z.B. Selbstporträt, Wal, Raumfahrer… Das vorgegebene Zeitlimit (z.B. zwei Minuten) bringt ungeahnte Ergebnisse: Ohne viel zu überlegen treffen die Kinder meistens gut das Wesentliche.

Gemeinschaftswerke

Die Gruppe modelliert gemeinschaftlich aus einem mehrere Kilo schweren Tonklumpen ein Figurenthema nach Wahl, z.B. das Bildnis einer allen bekannten Person. Die Aktion ist sehr lustig und gar nicht so einfach. Hauptsächlich kommt es auf Koordination an. Für Teenager wird die Aufgabe noch erschwert, wenn sie dabei nicht sprechen dürfen.

Blinde Bildhauer

Die Kinder bilden Dreier-Teams. S ist Vorbildstatue, T ein Tonklumpen, der S exakt imitieren soll. Der blinde Bildhauer B (Augenbinde) ist als einziger aktiv. S steht in einer selbst gewählten Pose möglichst reglos neben T. B fühlt S genau ab und versucht T in exakt die gleiche Pose zu bringen. B nimmt die Binde erst ab, wenn er mit sich zufrieden ist. Alle vergleichen das Werk. Weitere Runden mit Rollentausch.

Zwillingsstatuen

Eine „Kunstexpertin" bekommt die Augen verbunden, während alle anderen Kinder Paare bilden. Jedes Paar denkt sich eine markante Statuenpositur aus und probt diese kurz, beide Kinder möglichst identisch. Die Kinder verteilen sich bunt im Raum und nehmen die eingeübten Posituren wieder ein. Die nun wieder sehende Kunstexpertin versucht im Gewühle die ursprünglichen Zwillingspaare zuzuordnen.

Grundprinzipien erforschen

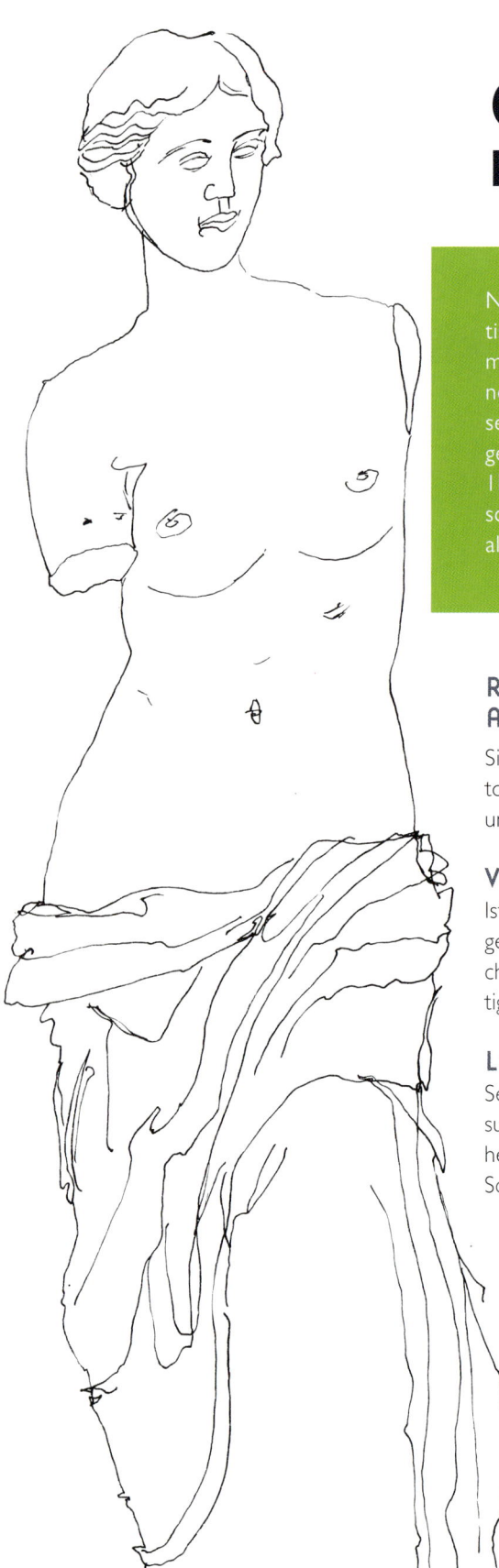

Neugierig erkunden wir vor den ersten eigenen Modellierversuchen plastische Arbeiten in unserer Umgebung. Wir betrachten sie aus allen nur möglichen Blickwinkeln, von unten, seitlich, schräg und gerade, stellen uns neben sie und messen sie an unserer eigenen Größe. Wir machen ihre Posen und Gesichtsausdrücke nach und lernen dabei viel über die Grundlagen figürlicher Darstellung. Neben der direkten Aussage – z.B. auf Seite 11 „fremdartiger Riesenhase", „moderne Jungmutter", „freundliche indische Gottheit" – geht es um das Wie. Erst im gelungenen Zusammenspiel aller Aspekte wird das Kunstwerk glaubwürdig.

Realismus und Abstraktion
Sind die Dinge lebensnah und „fotografisch" erfasst oder abstrahiert und verfremdet?

Volumen und Masse
Ist die Figur massiv und kompakt aufgebaut oder vermitteln Durchbrüche, Fenster, filigrane Partien Leichtigkeit?

Linien und Umrisse
Senkrecht betonte, längliche Figuren suggerieren Höhe, Aufstreben, Abheben. Waagrechte dagegen Ruhe, Schwere. Diagonale Ausrichtung, z.B. ein schräg gestelltes Bein, bedeutet Spannung, Bewegung, Momentaufnahme. Der unruhige Eindruck kann noch verstärkt werden durch Wellenlinien und Kurven: z.B. Lachfalten in einem Gesicht, bogenartig gespannter Körper eines springenden Fisches.

Blickrichtung
Meistens wird die Vorderansicht am sorgfältigsten ausgestaltet. Jede Figur muss aber von allen Seiten stimmen, auch von hinten. Körperteile dürfen von der Seite nicht verschoben oder verzerrt wirken.

Standort
Die Umgebung beeinflusst erheblich unsere Wahrnehmung: Steht das Kunstobjekt erhaben und einsam im Freien auf einem Hügel oder ver-

Tipps für Kids:

Wusstet ihr, dass klassische antike Statuen, die wir heute nur in erhabenem Weiß kennen, nach neuesten Erkenntnissen zu ihrer Zeit tatsächlich oft bunt bemalt waren? Unglaublich! Zum Beispiel die weltberühmte Venus von Milo: Wie würde sie wohl in Farbe wirken? Probiert es an der Skizze mit Buntstiften aus. Ein ähnliches Experiment mit einem Kopf ist auf Seite 25 zu sehen.

steckt zwischen Bäumen, in einem hellen oder dunklen Raum, frei oder eingezwängt in eine Gruppe mit anderen Figuren?

Objektgrösse
- Lebensgroß: Maßstab 1:1, Blickpunkt „auf gleicher Ebene"
- Kleiner als Original: Modell, handhabbar, mit den Händen fassbar
- Größer als Original/Betrachter: imposant, nur optisch komplett erfassbar, vielleicht sogar bedrohlich

Oberflächen
Neben Volumen und Silhouette bestimmen Farbe und Struktur die Wirkung der Figur. Ist sie hell und leicht oder dunkel und düster? Einfarbig oder bunt bemalt, glatt und glänzend oder rau oder strukturiert? Schluckt oder reflektiert die Oberfläche das Licht? Wie beeinflussen Form und Struktur Schattenwirkungen? Idealerweise verstärkt eine gelungen auf Form und Volumen abgestimmte Oberflächengestaltung die Gesamtwirkung erheblich. Was wäre eine archaische Statue mit quietschig bunten Farbklecksen oder eine fantasievolle Maske einfach nur in Grau?

Tipp
Figuren sollten beim Modellieren drehbar sein. Bildhauer verwenden professionelle Drehteller aus Metall. Improvisiert geht es in der Hobbywerkstatt auch mit einem Holzbrettchen oder einer runden Platte, die auf einem weichen Stofflappen aufliegt, damit sie sich leichter drehen lässt.

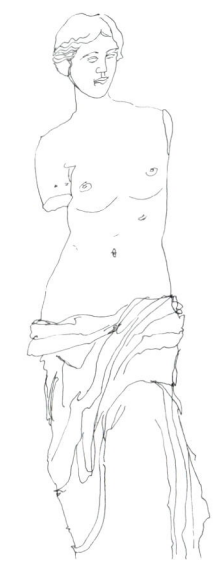

Wie würde die Venus wohl mit bunter Bemalung aussehen?

In jedem Buch für Malerei und Bildhauerei sind die klassischen Proportionen abgebildet. Für bestimmte Effekte wird bewusst davon abgewichen. Bei Erwachsenen ist der Kopf im Vergleich zum restlichen Körper erheblich kleiner als bei Kindern.

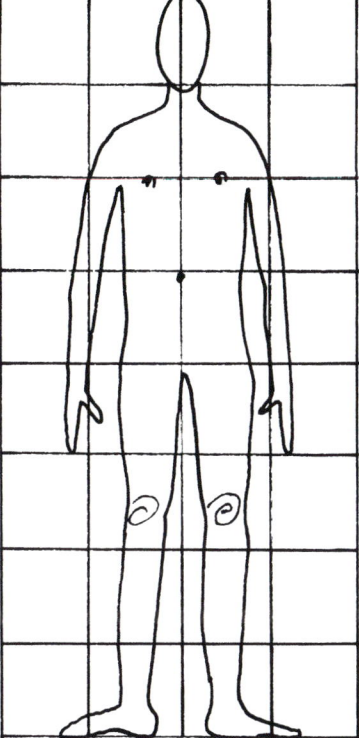

Lebende und Jahrhunderte alte Figuren im öffentlichen Raum.

Nicht vollkommen symmetrische Figuren wie der rechte Kopf wirken fast immer interessanter.

Kapitel 1
Ton und Modellieren

Im ersten Teil des Buches finden Sie Anregungen zum Töpfern mit Kindern. Beim intensiven Modellieren entwickeln sie die Grundlagen des plastischen Gestaltens. Hautnah erleben sie, wie viel Spaß es macht, etwas mit den eigenen Händen zu erschaffen. Willig nimmt der Ton jede beliebige Idee und Form an.

Ausgangspunkt sind eher traditionelle Motive wie Köpfe und Tierformen, die individuell und spielerisch umgesetzt werden. Dabei erschließen sich die Gesetze von Proportion und Statik, lebensechter und abstrahierter Darstellung, Form und Oberfläche. Die anschließenden ungewohnteren Themenkreise begeistern Kinder und Jugendliche unterschiedlicher Altersgruppen und lassen viel Spielraum für kreative Variationen. Bewusst dürfen auch etwas schräge Experimente die Fantasie in Schwung bringen.

Vieles ist auch mit anderen Modelliermassen umsetzbar. Der Reiz liegt hauptsächlich im Erschaffen. Die ersten Töpferteile müssen nicht unbedingt gebrannt werden. Trotz aller Begeisterung für echte Keramik ist heute eine energiebewusste Einstellung angebracht. Der Brand bei hohen Temperaturen bedeutet immer einen enormen Energieverbrauch, der sich nur für wirklich gelungene Objekte rechtfertigt.

Etwas Theorie: Ton und Formmassen

Hier ein Schnellkurs mit den wichtigsten Handgriffen und Grundregeln beim Modellieren, soweit sie für die später vorgestellten Projekte wichtig sind. Fein schamottierter Töpferton ist unproblematisch und universell einsetzbar. Kleinere Mengen, meist in Strängen von 10 kg, sind in Töpfereien, Hobbyläden und im Fachhandel für Keramikbedarf erhältlich.

Tonsorten

Man unterscheidet nach Konsistenz, Verwendungszweck, Brenntemperatur und Brennfarben. „Fette" Massen sind fein und weich und eignen sich eher für kleinere Modellierarbeiten. „Magere" dagegen enthalten einen Anteil feiner Schamotte für mehr Festigkeit und haben eine gröbere Konsistenz. Sie sind dadurch auch für größere Teile besser. Bei Trocknung und Brand verzieht sich schamottierter Ton nicht so schnell.

Je nach Zusammensetzung hält die Masse unterschiedliche Brenntemperaturen aus: Terrakotta- oder Töpferton für normale Glasurbrände bei 1020–1080 °C, Steinzeugton bei etwa 1220–1250 °C. Steinzeug ist wasserdicht und bedingt auch für Objekte im Freien geeignet. Für Arbeiten mit Kindern reicht leicht bis mittel schamottierter Töpferton normalerweise völlig aus. Brennfarben liegen zwischen gebrochenem Weiß, Creme, Ledergelb, Terrakottarot, Grau, Braun und Schwarz. Die Farbe der rohen Masse sagt noch nichts über ihr Aussehen nach dem Brand.

Tipp

Ungebrannter, durchgetrockneter Ton lässt sich immer wieder neu aufbereiten: einfach in einer Schüssel Wasser einsumpfen, antrocknen lassen, neu schlagen und kneten. Frische Tonreste in Plastikdosen oder Beuteln fürs nächste Mal aufbewahren.

Vorbereitungen

- Arbeitsfläche mit Sperrholz-/Spanplatte von etwa 40 × 40 cm Größe abdecken.
- Kleines Tonstück mit Messer oder Schlinge vom Strang abschneiden.
- Zwischen den Händen kugelig kneten. Wichtig: Nicht mit den Fingern einpieksen. Es dürfen nie Luftblasen in die Masse eingeschlossen werden.
- Kugel mehrmals auf die Tischplatte schlagen, bis der Ton eine einheitliche Konsistenz hat. Er soll mittelweich, aber nicht mehr klebrig sein.
- Ist er zu feucht, etwas liegen lassen. Ist er zu trocken, etwas Wasser einkneten.

Modellieren

- Grundform: Grobe Gestalt mit Händen und Fingern aus der Kugel drücken.
- Plastische Tonteile angarnieren: Wo Details angeklebt werden sollen, Verbindungsstellen mit Gabel/Kamm aufrauen, anfeuchten. Beide Flächen aneinander drücken und Nähte gut verstreichen.
- Festere Tonteile verbinden: Lederharte Elemente zusätzlich mit Tonschlicker als „Klebstoff"

Selbst gemacht:
Einfache Modellierhölzer und Werkzeuge.

zusammensetzen. Für den Schlicker weichen Ton mit etwas Wasser mit einer Gabel zu einem einheitlichen Brei zerdrücken.
- Form verfeinern: Bei Bedarf zusätzlich Modellierwerkzeuge einsetzen, z.B. speziell geformte Modellierhölzer, Holzleisten, Holzspießchen. Insgesamt bitte anfangs nicht zu zart und filigran formen, Details brechen leicht ab.
- Fertigstellung: Kleine Teile bis zu Handgröße massiv formen. Größere werden hohl aufgebaut oder zumindest an mehreren Stellen unauffällig mit der Töpfernadel eingestochen. Diese Vorkehrung hilft Spannungen abbauen, das Teil zerplatzt dann beim Brennen nicht so leicht.
- Oberflächen: Strukturieren siehe Seite 33. Glatte Flächen mit einem feuchten Schwämmchen oder mit den Fingern glätten.

Plattentechnik
- Vorbereiteten Tonklumpen auf der Arbeitsfläche mit den Händen leicht abflachen.
- Mit Tonroller/Nudelholz gleichmäßig flach ausrollen, immer rundum von der Mitte nach außen.
- Tonplatte dabei auf Zeitungspapier legen und zwischendurch öfter anheben, damit sie nicht anklebt.
- Konturen mit Messer ausschneiden.

Brand
- Fertig modellierte Teile langsam und gründlich trocknen lassen, am besten ein bis zwei Wochen in einem kühlen Raum.
- Bei Trocknen und Brennen schrumpft der Ton. Insgesamt wird das Objekt durch diese „Schwindung" je nach verwendeter Masse um 10-20 Prozent kleiner.
- Der erste Brand („Roh-" oder „Schrühbrand") bei etwa 800-900 °C lässt den Ton dauerhaft erhärten, er ist anschließend nicht mehr verformbar. Gewöhnlicher Töpferton nimmt dabei die typische rötliche Farbe an.
- Für farbige Gestaltung ist ein zweiter „Glasurbrand" bei höheren Temperaturen nötig.
- Falls Sie keinen eigenen Ofen besitzen, bieten viele Hobby- und Keramikläden sowie Töpfereien einen Brennservice an.

Arbeiten mit Lehm
In vielen Gegenden findet man Ton- und Lehmschichten in der freien Landschaft, z.B. an Baustellen und geologischen Aufschlüssen. Solche Funde eignen sich für kreativ improvisierte, ungebrannte Modellierprojekte. Der raue, erdige Charakter passt ideal zu Themen wie Waldgeist, Golem etc. Selbst im Freien aufgestellte größere Lehmfiguren halten eine Zeitlang die Form. Es ist interessant, zu beobachten, wie sie im Lauf der Zeit vom Wetter verändert werden.

Menschenbilder: Kleine Köpfe

Der kleine Workshop geht nicht auf sämtliche gestalterischen Feinheiten der klassischen Bildhauerei ein. Im Vordergrund steht zunächst das intuitive Erfassen von Formen und Proportionen. Faustgroße Köpfe können massiv aufgebaut werden und geben schon mal einen groben Eindruck von Gesicht und Kopfhaltung, bevor auf den folgenden Seiten dann Großformate genauer beschrieben werden. Ganz von selbst entwickelt sich der persönliche Stil. Ob die Porträts real nach lebenden Personen oder abstrakt nach der Fantasie gestaltet werden, spielt keine Rolle. Ganz unterschiedlich wirken die Ergebnisse pur und in Farbe. Spielerische Vorübungen lenken den Blick auf Details.

Freundegalerie

Die Kinder versuchen Silhouetten von Familienmitgliedern und Freunden zu zeichnen. Was für einen Unterschied bedeuten bereits die kleinsten Varianten: eine etwas längere Nase, ein schiefes Kinn – und schon haben wir eine komplett andere Person vor uns. Zusätzlicher Kick: nach echten Menschen modellierte Köpfe zusammen mit einem gerahmten Foto der Person aufstellen.

Köpfekreisen

Alle Kinder sitzen im Kreis, jedes bekommt eine faustgroße Tonkugel. Jeder bringt in gleicher Reihenfolge je ein vorgegebenes Detail auf seiner Kugel an: erst Augen, dann Nase – Mund – Ohren – Haare – Brillen und Schmuck etc. Nach jedem Schritt wird jede Kugel zum Nachbarn weitergereicht, immer in gleicher Drehrichtung. Die Gesichter wandern als interessante Gemeinschaftsarbeiten im Kreis und zum Schluss sind lauter ganz verschiedene „Personen" entstanden.

Grimassen

Extreme sind immer verlockend. Die Kinder probieren ausgiebig Verfremdungen an ihren Gesichtern aus. Wenn möglich machen sie Schnapp-

Elegant und souverän die „Irokesen" mit extravaganter Haartracht: Interessanter und lebhafter als vollkommen ebenmäßige Gesichter und Körperformen wirken kleine Unregelmäßigkeiten. Auch echte Gesichter sind nie perfekt symmetrisch.

schüsse: Wie wirke ich im Spiegel, im Halbdunkel, mit geheimnisvoller Beleuchtung schräg von unten? Wer kann die wildesten Grimassen schneiden? Ganz irre wird es, wenn das Gesicht gegen eine Fensterscheibe gedrückt wird. Von der anderen Seite sieht es aus wie eine platte Flunder.

Passfälscher

Neben den eigentlichen Gesichtszügen bestimmen Frisur, Make-up und Bekleidung die Wirkung einer Person. Die Kinder verfremden fotografierte oder gemalte Selbstbildnisse, indem sie Kleinigkeiten verändern: Hautfarbe, Augenform, Perücke, Brille, „Lippenstift" etc. Fotos lassen sich gut mit Folienstiften bemalen.

Frisurenfinder

Gebrannte kleine Tonköpfe oder Spielfiguren werden mit unterschiedlichster Haarpracht aus weichem Ton oder Knetgummi versehen. Rasta, Zöpfe, Dutt, Afrolook, Meckifrisur…
Manche wirken wie Verkleidungen, andere betonen die Gesichtszüge vorteilhaft. Sehr witzig.

Köpfe: Größenvergleich.

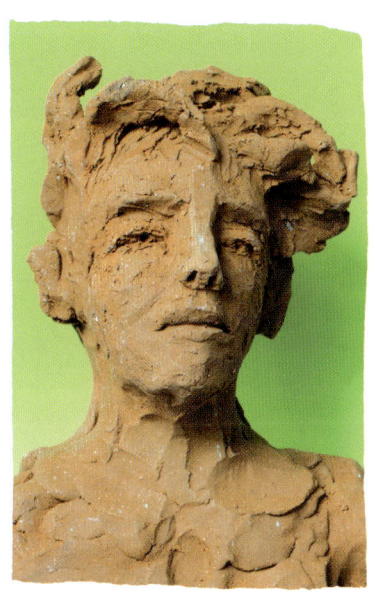

Grossformate: Köpfe und Gesichter

Ab etwa 10 cm Durchmesser sollten Köpfe innen hohl sein, damit sie nicht zu schwer werden. Profis höhlen ihre Objekte meist erst nach dem Modellieren aus. Ein improvisierter Papierkern tut im Kinder-Atelier ebenfalls gute Dienste. Die darauf geformten Köpfe sind relativ schwer, aber schön stabil und leicht zu bearbeiten.
Prinzipiell kommen zwei Ansätze in Frage: Entweder wird der Papierkern dünn mit Ton umhüllt und die Details werden nachträglich angebracht und verfeinert. Oder der Kern wird in einer dicken Tonwand kugelig verpackt, Partien werden mit Messer, Töpferschlinge oder Fingern weggenommen, die Tonmenge verringert sich also wieder. Kinder sind hier leidenschaftslos und kombinieren gern beide Techniken. Kein Problem. Motive: Porträts von Freunden, Familienmitgliedern, exzentrischen Persönlichkeiten, Selbstbildnisse.

Material
- 2-3 kg schamottierter Töpferton
- Zeitungspapier
- Modellierhölzer und -schlingen
- Klopfholz/Kochlöffel
- ein Stück Leinenstoff/kleines glattes Schwämmchen
- kleine Holzplatte

So wird's gemacht
- Ein paar Bogen Zeitungspapier fest zerknüllen und zu einer etwa 15 cm dicken Kugel drücken.
- Kugel mit einer 2-3 cm dicken Schicht aus handgroßen, immer wieder überlappenden Tonplatten umhüllen. Grundform für länglichen Kopf und Hals formen. Kinnpartie und Hinterkopf bilden Schwerpunkte, die sich gegenseitig ausgleichen. Dadurch ist das Gewicht ausgewogen verteilt und der Kopf kippt nicht.
- Hals von unten mit weiterem Zeitungspapier ausstopfen und fest auf die Holzplatte aufsetzen.
- Kopf mit Klopfholz rundum beklopfen, damit sich alles gut verbindet. Stirn und Hinterhaupt verstärken.
- Lage von Augen, Nase und Mund andeuten.

Tipp

Köpfe mit Hals erscheinen leicht und natürlich. Bei klassischen „Büsten" sind auch Brust- und Schulteransatz anmodelliert. Kopfplastiken ohne Hals wirken abgehackt und karikaturistisch.

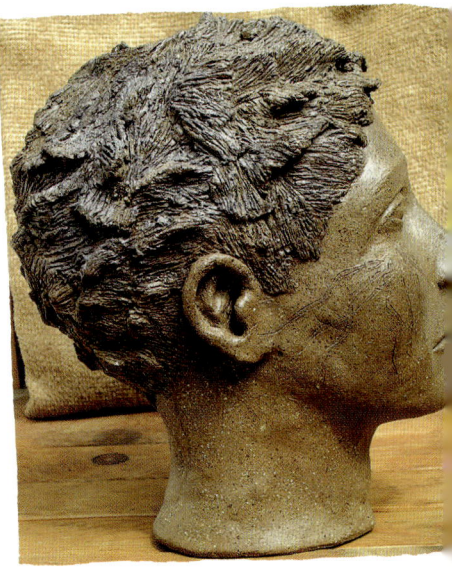

Verfremdung mit aufgeschütteter Engobe.

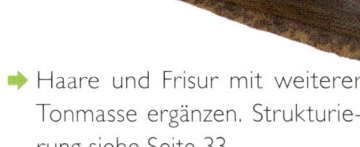

Evas Kopf mit cooler Pieksfrisur.

- Mit den Daumen flache Kuhlen für die Augen eindrücken.
- Nase aufsetzen. Flügel, Spitze, Löcher grob ausformen.
- Zwei Tonkugeln in die Augenhöhlen setzen. Details siehe Seite 27.
- Oberlid aufkleben und verstreichen, ebenso dünneres Unterlid.
- Pupillen durch leichte Linien andeuten.
- Oberlippe ankleben, Lippenfurche eindrücken.
- Unterlippe und Mundwinkel ankleben, Rille zwischen den Lippen vertiefen.
- Kinn ankleben.
- Backen mit weiterem Ton ergänzen, Rillen von Nasenflügeln zum Mund hin andeuten.
- Ohren auf Augenhöhe seitlich anmodellieren.
- Feinheiten wie Grübchen, Falten, Pausbacken, Stirnfalte etc. noch mal überarbeiten.
- Haare und Frisur mit weiterer Tonmasse ergänzen. Strukturierung siehe Seite 33.
- Details zwischendurch von allen Seiten kontrollieren.
- Gesamte Hautpartien mit einem trockenen Schwämmchen abtupfen und einheitlich mattieren.
- Dicke Wandpartien an unauffälligen Stellen (Ohr, Frisur, Kinnunterseite) mehrmals mit einer Töpfernadel durchstechen.
- Kopf langsam lederhart trocknen lassen. Papier vorsichtig aus dem Inneren ziehen. Reste können innen bleiben.
- Brennen und nach Geschmack glasieren.

Gestaltungsprobe mit Schminkfarben: Mit und ohne Bemalung wirkt der Kopf ganz unterschiedlich.

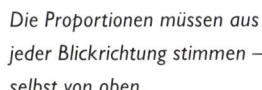

Die Proportionen müssen aus jeder Blickrichtung stimmen – selbst von oben.

Details und Fragmente

Es lohnt sich, Details wie Auge, Ohr oder Mund zunächst als kleine Studien in Angriff zu nehmen, bevor ein ganzer Kopf oder ein Gesicht modelliert wird. Ebenso Hände oder Füße als Vorstudien für Figuren. Falls lebensgroße Köpfe samt Frisuren zu aufwändig scheinen, versuchen Sie es mit Relief-Gesichtern. Der Tonverbrauch ist erheblich geringer.
Damit die Abstraktion für jüngere Kinder nicht langweilig wird, können solche Studien sehr reizvoll als „antike" Fragmente zusammen mit Sand und Scherben zu archäologischen „Fundstätten" arrangiert werden.

Tipps für Kids:

Wenn eure gebrannten Fragmente richtig antik aussehen sollen, experimentiert mit verschiedenen Beschichtungen. Statt Glasur könnt ihr etwas Engobe oder andersfarbigen Tonschlicker oder in Wasser angerührtes Oxidpulver mit dem Pinsel auf die geschrühten Teile streichen und mit einem Schwämmchen abwischen. Die Farbe bleibt nur in den Vertiefungen haften. Zusätzlich könnt ihr etwas Sand in den Schlicker mischen. Das ergibt ganz raue krustige Oberflächen. Noch mal brennen.
Alternativ dazu: Nach dem Brand ein bisschen weichen Gipsbrei über die Oberfläche streichen und schnell mit einem nassen Schwamm wieder abreiben. Weißliche Schlieren lassen den Ton alt aussehen.

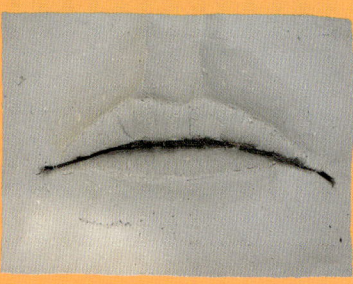

Auge

Augen sind der heikelste Teil eines Gesichts. Die Jüngsten bohren gewöhnlich einfach ein Loch oder kleben eine Kugel als Auge auf. Das Foto zeigt Varianten: geradeaus starrend, nach unten blickend. Unbemalte, plastisch modellierte Augen wirken blind, wenn Pupille und Iris nicht wenigstens durch eine feine Rille angedeutet sind.
Viele Künstler setzen einen etwas martialisch wirkenden Trick ein: Sie bohren an der Stelle von Iris und Pupille ein kegelig zugespitztes Loch. Aus der Ferne betrachtet wirken solche Augen überraschend lebhaft und echt. Das Loch sollte leicht unregelmäßig und ausgefranst sein, zu glatte Bohrungen ergeben einen unangenehm „stechenden" Blick.

Mund

Münder sind unproblematischer. Bitte beachten, dass die Lippen nicht „aufgeklebt" im Gesicht sitzen, sondern eigentlich leicht nach innen hin eingewölbt sind. Sehr lebensecht wirken sie, wenn seitlich ganz kleine Hügel für einen Lachmuskel angedeutet sind und wenn der Schnitt zwischen Ober- und Unterlippe an den Seiten leicht vertieft ist. Je oberflächlicher die Rille, desto geschlossener wirkt der Mund. Nach oben gezogene Mundwinkel in Kombination mit einer vertieften Backenrille suggerieren Lachen, nach unten gezogene eher Desinteresse bis Traurigkeit.

Nase

Nasen werden aus zusätzlichem Ton grob aufgesetzt. Der Steg geht meist in die Augenbrauenwülste über. Form und Größe lassen sich problemlos nach der Anschauung modellieren. Die Nasenspitze wird noch mal extra angesetzt. Nicht zu vergessen die richtige Lage der Nasenlöcher. Fehlen sie, wirkt das Gesicht gleich viel weniger lebendig.

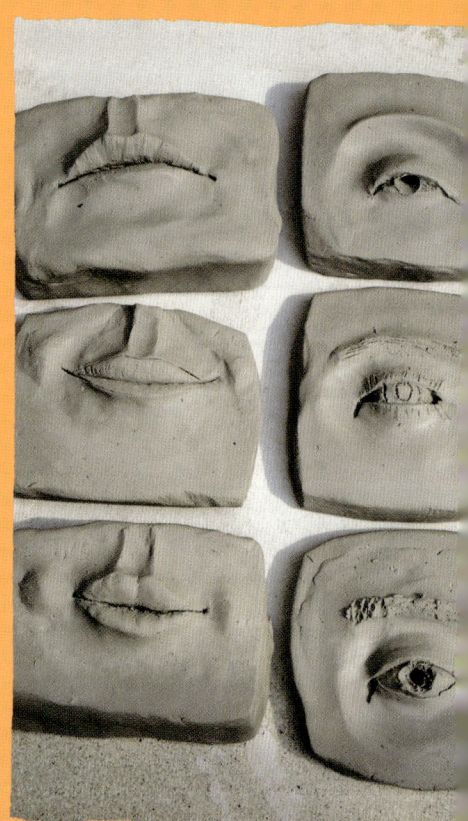

  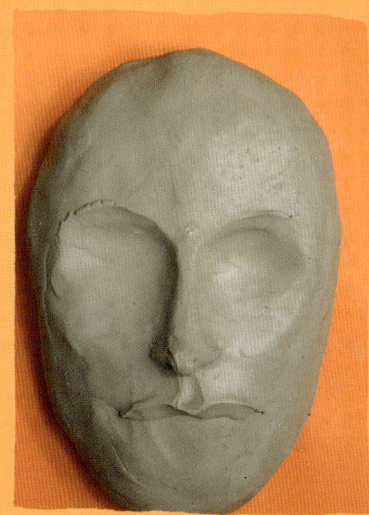

Fragmente werden zum Gesicht: Augenhöhlen – Nase – Nasenspitze – Oberlippe – Unterlippe – Augäpfel – Augenbrauen – Augenlider – Pupillen – Nasenlöcher – Kinn.

Senk-, Spreiz-, Platt-? Die Füße sind immer sooo weit weg aus unserem Blickfeld. Hier werden sie ein bisschen ausgeflippt ins Rampenlicht gerückt. Der Briefbeschwerer aus lufttrocknender Modelliermasse ist mit echtem Nagellack lackiert und mit einem schicken Fußkettchen versehen.

 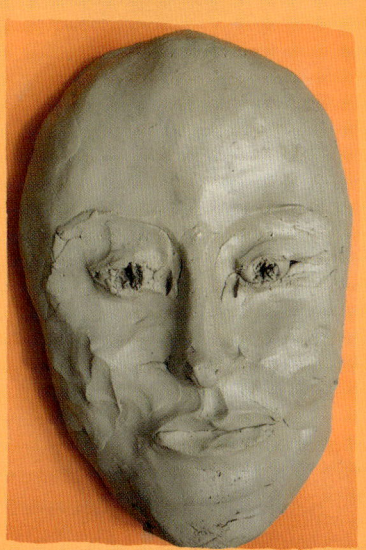

*Künstlerischer Diskussionsbeitrag Schleier und Verhüllungen: Eingeschnittene „Fenster"
geben einen Blick ins Innere der handgroßen Figuren aus buntem Knetgummi frei.
Ausbuchtungen lassen nur noch erahnen, was sich unter der Hülle befindet.
Die menschliche Gestalt und Persönlichkeit wird auf befremdliche Art ausgeschaltet.*

Stilisierte Figuren

Beim Modellieren menschlicher Figuren ist das Grundproblem zunächst die Standfestigkeit. Sitzende oder Liegende ruhen in sich selbst. Aufrecht Stehende dagegen benötigen etwas Überlegung, um stabil zu gelingen. Für die folgenden Einstiegsübungen eignet sich am besten leicht oder mittel schamottierter, nicht zu weicher Töpferton. Die stilisierten Grundformen können später verfeinert werden und verdeutlichen gut Prinzipien von Gleichgewicht und Bewegung, markante Haltungen und Posen.

Wulstmenschen

Tonwülste sind gar nicht so einfach zu formen, wenn sie gleichmäßig gelingen sollen. Leicht drückend mit beiden Händen auf einer Holzplatte rollen. Wülste aufrauen und als Arme, Beine und Rumpf miteinander verbinden. An den Klebstellen exakt verstreichen, damit sie wie aus einem Guss wirken. Hals mit den Fingern eindrücken, um den Kopf vom Körper abzusetzen. Gesichtszüge sind nicht erforderlich.

Die klar strukturierten Figuren lassen sich leicht in alle möglichen Stellungen biegen und haben etwas Fließendes, Dynamisches. Gute Themen: Menschen in Bewegung, Momentaufnahmen von Sportlern und Arbeitenden.

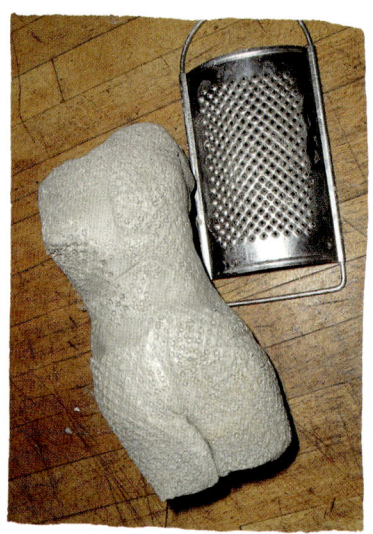

Torso: Ein beliebtes bildhauerisches Grundthema als schnelle kleine Übung für zwischendurch. Teilweise mit einem Sieb strukturiert und mit einem Holzstab in Form geklopft. Es kommt nicht auf Einzelheiten an, sondern auf eine authentische Grundform.

Kegelmenschen

Kleinere Figuren entstehen aus einem schlanken massiven Tonkegel. Wie auf der Skizze markiert einschneiden.

Hohlkegel

Einfache, standfeste Figuren über einem kegelig geformten Kern aus Zeitungspapier werden auch schon gut von jüngeren Kindern bewältigt. Tonkegel mit Fingern oder Modellierholz von unten eindrücken oder leicht aushöhlen und Zeitungskegel einpassen.

Die glatte Oberfläche reizt zum Bemalen und Strukturieren. Aus dünnwandigen, mehrfach durchlöcherten Kegeln werden einfache Räuchermännchen.

Modelliermassen

Für viele einfache Projekte wie die hier vorgestellten eignen sich neben Töpferton lufttrocknende oder in Backofen/Mikrowelle härtende Modelliermassen. In Hobbyläden finden Sie Produkte auf Basis von Holz oder Kunststoff mit unterschiedlichsten Form- und Bearbeitungseigenschaften. Sie sind nicht gerade preisgünstig und daher eher für kleinere Projekte geeignet.

Vorteile beim Arbeiten mit Kindern: einfach zu handhaben, kurze Wartezeiten beim Bearbeiten, einfache Farbgestaltung. Bitte nur umweltverträgliche, gesundheitlich unbedenkliche Marken verwenden, nach Herstellerangaben verarbeiten.

Die Oberflächen erinnern an Pappmaché, Holz oder Keramik. Weiterer Vorteil: Viele lassen sich nach dem Aushärten weiter bearbeiten, z.B. sägen, bemalen, lackieren.

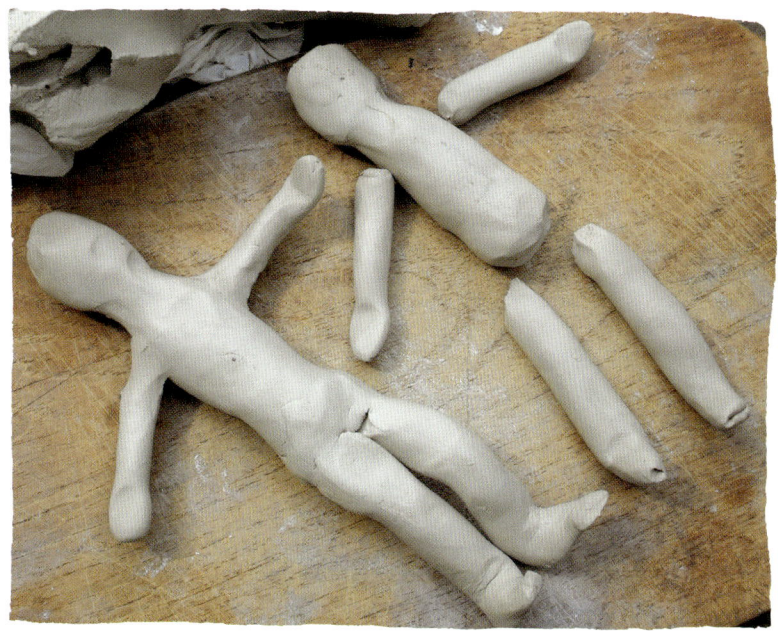

Tipp

Mit den hier vorgestellten Bauprinzipien lassen sich vielfältigste figürliche Themen umsetzen: mit Kegeln u.a. Zwerge, Engel, Eulen, Pinguine. Die Wulsttechnik eignet sich auch für vierbeinige Säugetiere.

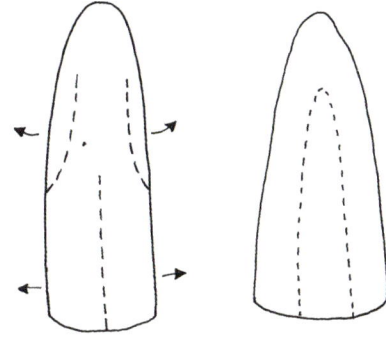

Oben und unten: Figuren aus Tonwülsten, rechts aus Kegeln.

Kinder in den besten Jahren: Menschen lebensnah

Kleinere massive Figuren werden am besten einfach mit den Fingern geformt. Mit schamottiertem Ton geraten sie relativ stabil, beim Modellieren kann man sich weitgehend auf die Ästhetik konzentrieren. Ganz von allein ergibt sich die richtige Pose – ob statisch und idealtypisch wie bei klassischen Skulpturen oder als Momentaufnahme, quasi als dreidimensionaler Schnappschuss. Wichtig sind bewegende Themen. Fast alle Kinder stellen gern ihr Hobby, ihren Lieblingssport, Musiker mit ihrem Lieblingsinstrument dar. Und sich selbst, wie in unserem Beispiel.

Dünne Holzspieße geben der Figur mehr Halt. Beim Trocknen werden sie vorsichtig drehend aus dem lederharten Ton gezogen.

Immer mit Handy: Mädchen auf Tour. Töpferton mit Kaltbemalung.

Tipp

Figuren sollen gut und sicher stehen:

- Beim Modellieren ausgewogene Posituren wählen, bei denen der Körperschwerpunkt relativ tief und genau in der Mitte liegt.
- Relativ große flache Füße formen.
- Stehfläche bei Bedarf durch zusätzliche „Szenerie" oder integrierten Sockel vergrößern, z.B. „Matte" oder „Grasbüschel" an die Füße modellieren.
- Nach Fertigstellung auf Platte/Sockel montieren.

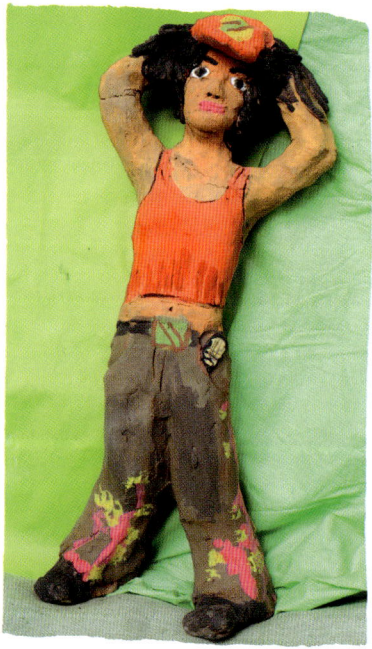

Tipps für Kids:

Überlegt, wodurch das Äußere einer Person bestimmt wird: Das sind nicht nur Kopf- und Gesichtsform, Körperbau, Hautfarbe, sondern auch Gesichtsausdruck, Haltung, Gestik. Auch mit neuer Kleidung, exotischem Kopfputz oder ungewohnter Frisur kann ein Mensch total verfremdet aussehen. Wie unterscheiden sich Männer, Frauen, Kinder? Wie alte und junge Menschen? Auch zwischen verschiedenen Völkern gibt es deutliche Unterschiede zu entdecken. Vielleicht habt ihr Freunde aus anderen Ländern: Japaner haben im Durchschnitt viel länglichere Nasen als Europäer, bei den meisten afrikanischen Nasen fehlt dagegen der Steg. Asiaten blicken oft mit verengten Augenschlitzen auf die Welt.

Material
- für kleinere bis mittlere Figuren 0,5–1 kg leicht schamottierter Töpferton
- Engobe, Glasuren, Kaltfarben nach Geschmack
- Holzstäbchen (Schaschlikspieße)

So wird's gemacht
- Ton zu einer glatten Kugel schlagen, kneten, zu einer länglichen Rolle formen.
- Nach Kegel- oder Wulstschema oder frei formend die grobe Gestalt festlegen, zuerst Körper und Beine.
- Kopf absetzen, Arme angarnieren.
- Nach und nach Details anmodellieren. Figur dabei immer wieder drehen, damit sie von allen Seiten ansehnlich wird.
- Zum Stabilisieren Holzspießchen in Oberkörper und Beine drehen.
- Details fertigstellen, mit Töpfernadel kleine Luftkanäle in die massivsten Partien stechen.
- Holzspieße vorsichtig aus dem fast lederharten Ton ziehen und Figur langsam trocknen.
- Wie gewohnt brennen und glasieren.

Tipp
Nicht zuviel des Guten tun: Manche Kinder verbeißen sich förmlich im Glätten und Verfeinern. Zu „perfekte" Figuren wirken meist langweiliger und lebloser als frisch improvisierte. Im richtigen Moment aufhören.

Glasurproben: Auf hellem und dunklem Ton entwickeln die Farben sich unterschiedlich.

Oberflächen und Effekte

Für Menschen, Tiere und Pflanzen hat die Natur sich neben überwältigendem Formenreichtum eine Fülle von Farbstellungen, Oberflächen und Schattierungen einfallen lassen. Es ist eine besondere Herausforderung, diese mit keramischen Mitteln zu erfassen.
Haare, Fell, glitschige Fischschuppen, zerfurchte Elefantenhaut, ein gerillter Schildkrötenpanzer: Diese Strukturen bestimmen nachhaltig die Wirkung einer Figur. Mit Händen und Werkzeugen lassen sie sich oft eindrucksvoll nachbilden. Glasuren, Engoben und Kaltbemalungen ergänzen die erwünschten Farbnuancen und Effekte.
Kinder bitte nie allein mit Chemikalien hantieren lassen. Im Gegensatz zu früheren bleihaltigen Glasuren sind heute fast alle Produkte ungiftig. Beim Glasieren dennoch nicht essen und trinken. Im Zweifelsfall eine leichte Staubschutzmaske tragen.

Farbgestaltung mit Engoben

Engobe, eine Art flüssiger Tonschlicker, ist in vielen eher gedeckten Farben erhältlich.
Die breiige Flüssigkeit wird mit dem Pinsel auf die rohe, lederharte Oberfläche aufgetragen. Gut für Kinder geeignet: einfache Handhabung, nicht verlaufend, keine langen Wartezeiten zwischen Form- und Farbgestaltung. Durch transparentes Überglasieren ergeben sich sattere Nuancen.

Glasuren

In unendlichen Farbvarianten fertig angemacht und – preisgünstiger – in Pulverform erhältlich. Der Schlicker wird auf die geschrühte Oberfläche gepinselt oder geschüttet, auch überlappend, gemischt, verfließend. Auswahl zwischen glänzenden, matten oder seidenmatten, transparenten oder deckenden Varianten. Daneben Effektglasuren wie Schlangenhaut, Glimmer, Maserungen, Metallic. Frisch glasierte Objekte am Boden mit einem Schwamm gut abwischen, damit sie beim Brennen nicht ankleben.

Oxide

Fein vermahlene Metalloxide betonen haarfeine Strukturen. Eisenoxid färbt bräunlich, Mangan schwarz, Kupfer grünlichschwarz. Pulver mit etwas Wasser verrühren, mit Pinsel oder Schwamm auf die geschrühte Oberfläche reiben und anschließend mit einem feuchten Schwamm abwischen. Dunklere Schattierungen verbleiben nur in Rillen und Vertiefungen, so dass selbst feinste Details nach dem Brand deutlich hervortreten.

Unterglasurfarben und Malstifte

Kleine Flächen sind mit diversen keramischen Malstiften und Unterglasurfarben, die wie Wasserfarben vermalt werden, relativ exakt zu bewältigen. Teuer, aber für Kinder besonders geeignet. Die Partien verfließen nicht und ergeben klare Farben.

Terrakotta nach dem Schrühbrand.

Strukturen und Texturen mit einfachen Haushaltsgegenständen.

Kaltbemalung

Diverse nicht keramische Farben und Lacke werden erst nach dem Brand aufgetragen. Für Kinder sind Acryl- und Plakatfarben (notfalls mit Deckweiß angerührte Wasserfarben) eine farbenfrohe Alternative zu aufwändigen Glasuren. Sie werden nach dem ersten Brand auf die porösen Werkstücke aufgemalt. So lassen sich auch Lieblingsstücke retten, die beim Schrühen Risse bekommen haben und einen Glasurbrand nicht mehr heile überstehen würden. Kaltbemalung ist nicht wirklich wetterfest.

Strukturierung

Bereits die Struktur der Masse selbst ergibt optische Varianten. Grober Töpferton enthält kleine Schamottepartikel. Mit einem feuchten Schwamm gerieben, treten sie deutlicher aus der rauen Oberfläche hervor. Weitere Hilfsmittel zum Strukturieren (auf dem Foto von links oben nach rechts unten):

- Fläche einheitlich mit grobem Stoff oder Gewebe (Leinen, Rupfen, Bastmatten) eindrücken
- Haushaltsgeräte wie Sieb oder gelochte Schöpfkelle für Noppen
- winzige Tonwürstchen aus weicher Masse mit der Knoblauchpresse pressen, für üppige Haarpracht und extravagantes Fell
- raue Oberflächen für stilisiertes Fell mit Wurzelbürste oder Scheuerschwamm eindrücken
- Schuppen aus sehr weichen kleinen Tonplättchen einzeln auf die aufgeraute, angefeuchtete Oberfläche kleben
- spitzige Stacheln einzeln formen und angarnieren, arbeitsintensiv, aber markant
- Fingerabdrücke
- feine exakte Rillen mit dem Messer einkratzen, z.B. für Federn, Haare
- raue Oberflächen mit Gemüsereibe eindrücken
- Fell mit Gabel aufrauen, sehr grobe und spontane Wirkung
- Ton mit einer flach angesetzten alten Haushaltsschere einschneiden und entstehende „Stacheln" dabei leicht nach oben biegen, ideal für Igel
- Netz auflegen und feine Linien eindrücken, erinnert an Schlangenhaut

Eisenplatte als Standfläche.

Improvisiertes Podest aus bemaltem Porenbeton.

Unser Museum: Präsentation

Endlich ist das eigene Kunstwerk fertig und gelungen! Wir können ausatmen und uns zurücklehnen. Oder? Die Wirkung hängt nicht unerheblich davon ab, wie das Teil präsentiert wird. Klar, wir können es einfach irgendwo hinstellen. Richtig professionell wirkt es aber erst mit irgendeiner Art von Sockel. Künstler verwenden meist Holz- oder Steinblöcke oder eiserne Skulpturenständer. Hier viele weitere Möglichkeiten.

Gestaltungstipps

- Werkstoffe sollten aufeinander abgestimmt sein. Der Marmorkopf auf einer wackligen Blechdose wirkt genauso lächerlich wie ein Knetgummi-Fisch mit Granitsockel.
- Neben dem Material sind die Proportionen wichtig. Objekt und Sockel sollten optisch gleiches Gewicht haben und zu einer Einheit verschmelzen, wobei der Unterbau dem Kunstwerk nicht die Show stehlen darf. Gelegentlich sollen mäßig gelungene Werke durch bombastischen Unterbau gerettet werden …
- Die Länge der Stange bestimmt, ob das Objekt starr, schwer und gedrungen oder leicht und schwebend, erdverbunden oder abgehoben wirkt.
- Durch entsprechende Montage auf dem Sockel lässt sich auch der Betrachtungswinkel beeinflussen: Präsentiert sich

das Objekt gerade und ruhend oder schräg, frontal, nach oben oder unten geneigt? Ein und derselbe Kopf erscheint dadurch selbstbewusster oder nachdenklicher.

Einfache handwerkliche Lösungen

- Runde oder quadratische Eisenplatte mit Lochung und passendem Eisenstab. Maßanfertigung aus der Metallwerkstatt oder vorgefertigt vom Künstlerbedarf.
- Für leichte Objekte statt Stangen dicke Drahtstücke gerade oder spiralig biegen und in vorgebohrten Holzblock stecken.
- Gipswürfel in Plastikbox/ Karton gießen. Vorteil: großen Nagel, Gewindestange oder Holzstäbchen als Haltestange direkt fest mit eingießen. Statt reinem Gips kann auch effektvoller „Marmor" oder „Sandstein" (Seite 66, 68) imitiert werden.
- Porenbeton wirkt etwas bröselig. Hohle Rohre direkt hineinbohren. Eher für größere Podeste.
- Kleinplastiken direkt auf Ziegel, flachen Kieselstein, Steinplatte oder Pflasterstein-Würfel kleben.
- Tonblöcke nach Maß passend zum Objekt formen und brennen. Vorteil: vielfältige Strukturierungen und unregelmäßige Formen.
- Holz als schnell improvisierter Sockel: Scheiben von Baumstämmen, Würfel aus Balken und Latten, dicke Frühstücksbrettchen.
- Platzsparend: Kunstwerke aufhängen.

Befestigung

Sollen Objekte auf Stangen stehen, müssen sie hohl modelliert bzw. im Rohzustand entsprechend vorgebohrt werden. Loch bitte mindestens zwanzig Prozent dicker machen, damit die vorgesehene Stange nach dem Brennen noch hineinpasst. Hohlraum bei kleineren Objekten mit Knetgummi oder Heißklebepistole füllen und auf dem Stab fixieren. Tricks der Kids: gekauter Kaugummi funktioniert auch ausgezeichnet. Für größere Objekte, z.B. hohle Köpfe, eignet sich gut Montageschaum.

Der Fisch ruht sinnreich auf einer wassergefüllten Plastiktüte.

Tipps für Kids:

Noch interessanter wird es, wenn ihr euch selber was einfallen lasst und auch den Sockel als gestalterische Herausforderung seht. Probiert verrückte Spezialanfertigungen wie eine mit Gips gefüllte Muschelschale oder mit buntem Stoff umklebte Holzblöcke. Oder legt euer Kunstwerk wie einen Fakir auf ein Nagel-Bett. Wenn ihr wollt, gebt eurem Werk zusätzlich einen geheimnisvollen Titel, den ihr auf den Sockel schreibt. Das ist auch ein beliebter Trick in Künstlerkreisen, um eigene Werke aufzuwerten.

Je nach Podest wirkt die Figur unterschiedlich.

Anleihen in der Antike.

Moderne Amazonen: Hausfrauen mit leichter Bewaffnung.

Regenkönig: Der Romanheld muss bei seinem Versuch, Regen zu machen, zunächst eine füllige afrikanische Stammesfürstin hochstemmen und lässt dann versehentlich einen Teich mit lauter Fröschen explodieren … (Saul Bellow: Henderson the Rain King).

Drei Hexen beim Smalltalk.

Figurengruppen, Szenarien, persönlicher Stil

Figurenflut ganz anderer Art: Szene vom Kinderflohmarkt…

Entspannter Nachmittag in der WG.

Die Fotoseiten zeigen Figuren unterschiedlicher Inhalte und Stilrichtungen von Kindern, Jugendlichen und Erwachsenen. Szenarien und Gruppen sind ein markanter Blickfang, beim Gestalten allerdings auch eine echte handwerkliche Herausforderung. Nicht nur die Figur spricht für sich selbst, sondern die Anordnung erlaubt weitere Aussagen und Variationen.

Für den Anfang werden die Elemente getrennt modelliert und nach dem Brand auf einem gemeinsamen Podest montiert oder auf einer Platte arrangiert. Anspruchsvollere Versuche verbinden die Figuren direkt beim Formen – auf einem anmodellierten Sockel oder durch „Berührungen". Dabei ist es wichtig, alle Partien ähnlich dick zu machen und mehrfach einzustechen, damit Spannungen beim Trocknen und Brennen sie nicht zerbersten lassen. Inspiration lieferten u.a. markante Persönlichkeiten und literarische Gestalten aus Romanen und Kinderbüchern.

Karikatur und Verfremdung

Fantasiegestalten sind seit jeher wichtige Motive der Kunst. Religion und Märchenwelt, furchterregende Ungeheuer, Engel, Teufel, Gottheiten, abstrakte Werte werden in zwei- und dreidimensionalen Werken für die Menschen sichtbar, be-greifbar. Anders als muslimische Kulturen hat die westliche Welt keine natürliche Scheu davor, reale Menschen und Visionen in Bilder zu fassen. Kinder gehen noch sehr frei mit Proportionen um. Was ihnen wichtig ist, betonen und vergrößern sie, äußere und innere Welt sind nicht getrennt.

In Randbereichen der Realität treffen wir erstaunlich oft auf Mischwesen zwischen Mensch und Tier. Archaische Abbildungen zeigen verkleidete Jäger und Schamanen mit Fellen, Geweihen, tierhaften Gliedmaßen. Uralte Mythen wimmeln nur so von Chimären, die mehrere Lebewesen in sich vereinen: Pegasus als Pferd mit Flügeln, Zeus als Stier mit Menschenkopf, Seejungfrauen mit Fischschwanz, Sphinxen. Karikaturistisch überzeichnete Menschen oder Tiere, z.B. Riesen oder Zwerge waren speziell in der an Kuriositäten unersättlichen Barockzeit beliebte Motive. Naive Kunst und aktuelle Fantasy greifen all das wieder auf. Es ist ausgesprochen reizvoll, nach solchen Themen zu modellieren. Ob sagenhafter Golem oder eher kindliche Hexen-Flugschule, Urmel aus dem Eis oder postmoderne Manga-Figuren.

Höhlen-Mensch:
Im Schädel eine Höhle mit zahlreichen Ein- und Ausgängen.

Menschenturm:
Die Gestalt hat sich in ihre Gliedmaßen aufgelöst.

Turbo-Welt:
Edes Sicht
der Autofahrer.

„Fernsehbär".

Menschen und Masken

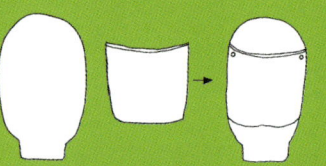

Was wir Europäer nur zum Fasching und beim Theaterspielen tun, ist in vielen Kulturen Alltagskunst: Menschen bemalen und tätowieren sich an Gesicht und Körper. Um sich zu verkleiden, zu verschönern, zu tarnen, um Tiere und Pflanzen der Umgebung nachzuahmen, um sich zu schützen. Dieses spannende und unerschöpfliche Thema wird zunächst theoretisch eingekreist. Bildbände und Fotos im Internet regen dazu an, sich selber zu bemalen (siehe auch Seite 84). Wir haben hier farbenfrohe abstrakte Designs gewählt, wie sie ähnlich von ostafrikanischen Stämmen traditionell in Kombination mit wildem Pflanzenschmuck kreiert werden. Die Musterungen lassen sich toll auf Keramik übertragen, deren raue unglasierte Oberfläche unserer Haut ähnelt. Zusätzlicher Kick: Masken mit integrierter „Blumenvase" als Wandschmuck.

Tipp

Unglasierte Keramik ist übrigens gut mit Theaterschminke zu bemalen. Die Muster lassen sich immer wieder abwaschen und neu gestalten.

So wird's gemacht

- Etwa 1,5 kg Ton zu einer etwa 1 cm dicken ovalen Scheibe ausrollen.
- Restlichen Ton ebenfalls flächig ausrollen und zuschneiden wie auf der Skizze: oben gerade, unten bogenförmig, insgesamt etwas breiter als die ovale Scheibe.
- Luftballon fest in die Schüssel stecken.
- Ovale Scheibe an den Kanten nachschneiden, oben an der Stirn gerade.
- Aus Tonresten Nase, Ohren, Augen, Mund und Hals formen.
- Details mit Schlicker ankleben.
- Gesichtsscheibe über den Luftballon legen und Seiten vorsichtig nach unten drücken, bis sie sich gleichmäßig wölbt.
- Scheibe fast lederhart antrocknen lassen.
- Vom Luftballon nehmen und mit der Wölbung nach unten auf ein Polster aus geknüllten Plastiktüten legen.
- Die kleinere Scheibe auf der Rückseite so einpassen, dass die gerade Kante oben parallel zur Oberkante des Kopfes liegt.
- Unterkante der kleinen Scheibe nach unten biegen und mit der großen Scheibe verbinden. Dazu am besten zusätzlich Schlicker an der Naht anbringen, mit zusätzlichem dünnen Tonwulst verstärken und auf beiden Seiten gut verstreichen.
- Entstandene „Tasche" innen mit geknüllten Plastiktüten stützen.
- Für die spätere Aufhängung seitlich an Stirn oder Rückwand zwei kleine Löcher durch die Tonwand stechen.
- Gesicht wieder auf die Vorderseite drehen. Zum Schluss Haare angarnieren. Kaum ein Kind kann hier der berüchtigten Knoblauchpresse widerstehen: Weiche Tonbatzen einfüllen und zu endlosen Strängen durchpressen. Diese mit etwas Schlicker an Stirn und Schläfen befestigen.
- Zusätzlich nach Belieben mit Engobe bemalen.
- Trocknen lassen und brennen.
- Farbgestaltung mit Glasur oder Kaltbemalung.
- Drahtstücke als Ösen durch die Löcher ziehen, Enden verdrillen, Kopf daran an die Wand hängen.

Tipp

Um die „Vase" wirklich dicht zu machen, Milch einfüllen und sauer werden lassen, das ist ein alter Töpfer-Trick.

Die linke Maske wurde nach dem Brand mit Acrylfarben kalt bemalt, die mittlere ist mit Glasur und Engoben gestaltet.

Modernes Urwaldkind: Chérie Sandra in voller Bemalung.

Material

- pro Maske 2 kg schamottierter Töpferton, weiß oder dunkelbraun
- Schüssel und Luftballon
- Tonroller
- große Plastiktüten
- Engoben/Glasuren/Plakatfarben
- Drahtstücke

Zoo und Wildbahn: Grundlagen Tierfiguren

Tiere in jeder Form sind bei Kindern ein Dauerbrenner. Meist beschränken sich wohlmeinende Versuche auf liebe, verniedlichte und oftmals kopierte Stereotype aus dem direkten Erfahrungsbereich wie Entchen, Katzen, Marienkäfer, Frösche, Eulen. Viel spannender sind ausgefallenere einheimische und exotische Arten wie Fliegende Fische, Fledermäuse, Kängurus, Schuppentiere, Okapi, Tapir, Nashörner. Ganz nebenbei erfahren die Kinder beim Gestalten mehr über deren Lebensräume. Durch das Modellieren lernen sie viel genauer beobachten. Sie nehmen sich künstlerische Freiheit bei den Proportionen, doch die wesentlichen Merkmale müssen stimmen. Kleine Details machen markante Unterschiede: Ist der Rücken des Vierbeiners gerade, durchgebogen oder gewölbt? Was für Füße hat eigentlich ein Elefant, ein Krokodil, ein Chamäleon? Beim Herausfinden wird klar: Die Tiere sind optimal an die Bedingungen ihrer Umgebung angepasst

Auch Fabeltiere wie Einhorn, Wolpertinger oder Meerungeheuer sind eine schöne Herausforderung. Da niemand sie je in echt gesehen hat, kann beim Formen nichts schiefgehen …

Bauformen

Auch bei Tiergestalten gibt es vielerlei Bauprinzipien und Tricks für stabile Konstruktionen. Kleine Tiere bis etwa 5 cm Dicke können ohne weiteres massiv geformt und an unauffälligen Stellen mehrmals mit einer dicken Nadel eingestochen werden. Größere sollten auf jeden Fall innen hohl sein. Vierbeiner können wie Menschen mit nicht mehr ganz weichem, schamottiertem Ton aus Wülsten konstruiert werden. Als Einstieg für die Jüngsten eignen sich schlichte Kugelformen aus faustgroßen Tonklumpen oder Knetgummi mit wenigen Details.

Rechts oben:
Tessa formt ihren Drachen hohl.
Mitte: einfache Tiere aus Kugeln.

Tipp

Größe und korrekte Lage der Augen ist bei Tieren ausschlaggebend für die gesamte Wirkung. Sind sie nicht gut getroffen, wirkt der ganze Rest „verkehrt" oder leblos. Liegen die Augen hinten, oben oder eher seitlich am Kopf, sind sie rund oder länglich?

Beim Nashorn sind sie viel weiter vorne als man denkt. Augen sollten etwas deutlicher gearbeitet werden als der Rest. Ein guter Trick besteht darin, die Vertiefungen um die Pupille tiefer einzudrücken als in Wirklichkeit und Pupille/Iris auch bei ansonsten unglasierten Figuren schwarz glänzend zu glasieren oder nachträglich mit einem Tropfen Lack zu betonen (siehe Foto rechts unten).

Tipps für Kids:

Bevor ihr mit dem Modellieren beginnt, versetzt euch selber richtig in euer Tier hinein. Macht sein Laufen, Springen, Klettern, seine Bewegungen und sein Verhalten nach und versucht auch seine Laute zu imitieren. Viele Tiere kennt ihr aus Fernsehen, Zoo und Büchern. Zieht Grimassen wie der Schimpanse, reckt euch ganz lang nach oben wie die Giraffe, bewegt euch im Zeitlupentempo wie das Faultier auf seinem gemütlichen Ast. Zu mehreren könnt ihr ganze Tierfamilien mit Eltern und Jungen nachspielen. Die Jungen verhalten und bewegen sich oft ganz anders als die erwachsenen Tiere.

 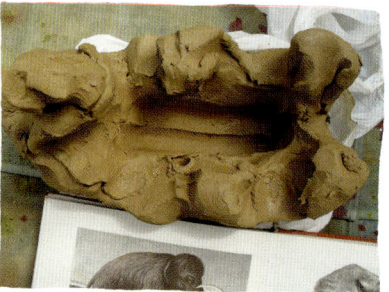 

Zum Vergleich: Das Mammut aus lufttrocknender Modelliermasse ist längst nicht so standfest wie das aus Ton. Innen mit Holzstäben stützen, nach dem Trocknen mit Plakatfarben bemalen.

Besuch in der Eiszeit: Mammut

Bei diesem Projekt tauchen wir in die ferne Vorzeit ab. Es entstehen imposante, standfeste Tontiere, bei denen viele Details vom Fell verborgen sind. Wuschelige Großformate werden dadurch auch von jüngeren Kindern gut bewältigt. Lange Wollhaare und Mähnen werden ausgiebigst mit Kamm oder Gabel eingekratzt und lassen Mammuts oder Wollnashörner sehr lebensecht erscheinen. Das einfache Bauprinzip funktioniert auch bei den meisten anderen Vierbeinern.

Material

- 2-3 kg schamottierter Töpferton, am besten dunkelbraun oder schwarz brennend
- Zeitungspapier
- Bleistift-dicke Holzstäbchen
- Kamm/Gabel
- weiße und schwarze Engobe
- eventuell Kupferoxid

So wird's gemacht

- Ton gut vorbereiten und Mammutform grob aus dem vollen Klumpen formen. Wichtig ist die imposante Haltung mit hoch erhobenem Kopf.
- Am Bauch von unten eine große Höhlung eindrücken und mit Zeitungspapier fest ausstopfen.
- Beine noch dick lassen. Je ein Holzstäbchen der Länge nach hineinstecken, damit sie weniger zusammensacken. Beine versetzt anordnen, um gehende Bewegung zu suggerieren.
- Figur aufstellen und unter dem Bauch zusätzlich mit zerknülltem Zeitungspapier abstützen.
- Grundform nacharbeiten, bei Bedarf Partien wegschneiden oder verstärken.
- Details ausformen: Rüssel schön lang und nach unten stark verjüngt. Die Ohren sind im Vergleich zu heutigen Elefanten recht klein und liegen wie Schüsselhälften senkrecht hinten am Kopf. Augen sehr faltig und tiefliegend. Stoßzähne kleiner als in Wirklichkeit formen.
- Fellstrukturen am ganzen Körper großzügig mit Kamm oder Gabel einritzen. Ohrkanten nicht vergessen. Nur am Rüssel etwas feiner und glatter arbeiten.
- Details nochmals versäubern, besonders Rüssel und Stoßzähne.
- Rüsselspitze am Vorderbein ankleben, Enden der Stoßzähne ebenfalls am Kopf fixieren. Freistehend würden sie unweigerlich abbrechen. Der kleine Trick fällt optisch nicht weiter auf.
- Figur fast lederhart trocknen lassen. Stütze unterm Bauch wegnehmen, Beine und Füße nachformen, innen und unter dem Bauch Fell einritzen.
- Loses Zeitungspapier aus dem Inneren nehmen. Reste können bleiben, sie verbrennen im Brand. Holzstäbchen vorsichtig drehend herausziehen.
- Sehr langsam trocknen lassen und brennen.
- Nach dem Schrühbrand Stoßzähne weiß engobieren. Körper nach Belieben mit dünnflüssiger schwarzer Engobe oder mit Kupferoxid bepinseln, damit die Fellstrukturen lebhafter hervortreten. Augeninneres vorsichtig schwarz glasieren.

Tipps für Kids:

In der letzten Eiszeit bis vor etwa 10.000 Jahren lebten auch in Europa riesige Mammuts und Wollnashörner mit unglaublich dickem zottigem Fell. Ein Mammut mit seinen bis zu 3 m langen gigantischen geschwungenen Stoßzähnen wurde 4 m hoch, seine Haare waren bis 1 m lang. Unsere Vorfahren jagten und verspeisten die massigen Tiere. Immer wieder werden auch heute noch Jahrtausende lang vom Eis konservierte Körper aus dieser Zeit gefunden, besonders in Sibirien.

Mini, mini: Freundschaftsbänder mit Miniaturen

Ungewohnte Formate haben speziellen Reiz. Das gilt für Riesen genauso wie für Miniaturen. Mit einfachen Hilfsmitteln lassen sich kleine Figürchen aus feinem Ton für Schmuckstücke exakt gestalten. Sie sollten einigermaßen kompakt geformt und bruchsicher möglichst als Steinzeug gebrannt werden. Bei diesem Projekt steht nicht das Modellieren, sondern die „Veredlung" und fantasievolles Kombinieren mit weiteren Werkstoffen im Vordergrund. Organisieren Sie einen Workshop mit viel buntem Zubehör. Neben Stirnbändern entstehen ausgefallene Anhänger. Ihre Glücksbringer verschenken die Kinder in einer Holzschachtel mit bunter Filzwolle.

Auf zur Stadtsafari: Anselm mit Elefant.

Material

- feiner unschamottierter Ton
- Perlen
- Silberdraht
- Verschlusshaken und Ösen
- Drahtzange
- Filzwolle, bunte Wolle, bunte Stoffstreifen
- Lederkordel

So wird's gemacht

➤ Kleine Tonkügelchen mit den Fingern vorformen. Mit Zahnstocher/Holzspieß zu Figuren und Ornamenten verfeinern. Details exakt ausarbeiten, wenn der Ton nicht mehr ganz weich ist. Je genauer, desto interessanter wirkt die Miniatur.

➤ Die Oberflächen werden glatt, wenn man mit der Spitze eines Zahnstochers gleichmäßig darüber rollt.

➤ Teile vorsichtig mit dem Spieß durchbohren. Ein oder mehrere Löcher für Ösen oder zum Annähen vorsehen. Oder „Kanal" längs durch die Fläche drehen. Löcher etwas dicker als die vorgesehene Kordel machen und versäubern, damit später nichts scheuert.

➤ Oberflächen beliebig mit Engoben/Unterglasurfarben bemalen und zweimal brennen.

➤ Fertige Teile mit Ösen aus Silberdraht versehen.

➤ Für Hals- und Armbänder bunte Filzwolle mit etwas Seife und warmem Wasser zwischen den Handflächen zu festen Strängen oder länglichen Bändern rubbeln.

➤ Tonelemente mit Perlen, Wollfäden und Stoffstreifen zu fantasievollen Schmuck-Kreationen verarbeiten. Knoten, flechten, auffädeln. Plaketten an den vorgebohrten Löchern mit festem Faden aufnähen.

➤ Ösen und Verschlusshäkchen mit Silberdraht befestigen.

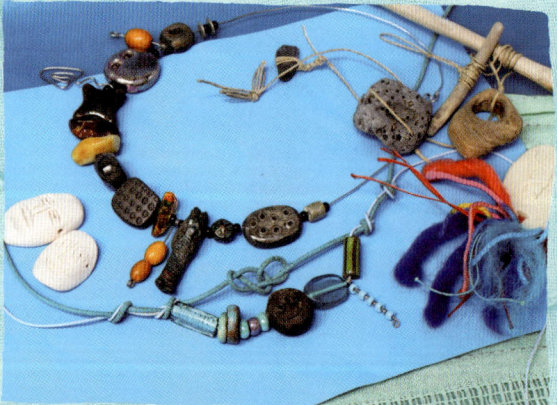

Gris-Gris, Amulett, Freundschafts-Stirnbänder: Fantasiegestalten begleiten durch den Alltag.

PFLANZENMOTIVE

Neben Menschen und Tieren ist die Botanik ein unerschöpfliches Reservoir für anregende Bastelthemen. Pflanzen an sich interessieren jüngere Kinder noch nicht so sehr: Sie bewegen sich kaum, machen keine Laute und verändern sich nur sehr langsam. Blümchen sind schnell verblüht und vertrocknet. Gleichzeitig haben Pflanzen aber den Vorteil, dass sie geduldig Modell sitzen und sinnlich fassbare, überschaubare Strukturen zeigen.
Im Kleinen wie im Großen erforschen die Kinder botanische Bauprinzipien und empfinden sie in Ton nach. Ob als riesiger knorriger Kiefernstamm, pieksiger Tannenzapfen oder zartes Blattmuster.

Oben: Pilze aus Salzteig (Rezept siehe Seite 55).

Links: Echter als die Wirklichkeit: Pilzexperten nutzen exzellente Modelle (Ausstellung der Naturhistorischen Gesellschaft Nürnberg).

TIPP

Auch schöne Pilze – die ja eigentlich nicht zu den Pflanzen zählen, sondern ein eigenes „Reich" innerhalb der belebten Welt bilden – sind bei jüngeren Kindern ein beliebtes Motiv. Im Herbst liefert der Wald reichhaltige Anschauung. Bitte beachten: Manche Pilzarten sind bekanntermaßen extrem giftig. Kinder nie allein mit Pilzen hantieren lassen, am besten nur nach Bildvorlagen.

Tipps für Kids:

Ein Pilz ist ein Pilz. Auf den ersten Blick sehen alle ähnlich aus: ein Stiel, ein Hut darauf. Schaut euch aber mal ein paar Exemplare genauer an: Da gibt es zarte und bullige Stiele, auf der Unterseite der Hüte Lamellen oder Schwämme, raue und glatte Oberflächen, noppige und glänzende Häute, verrückte Farbkombinationen. Entsprechend malerisch sind die gebräuchlichen Namen: z.B. Nebelkappe, Wässriger Milchling, Fleischroter Bläuling, Schwarzschneidiger Dachpilz, Schiefknolliger Anis-Egerling, Krause Glucke, Kaskaden-Knorpelporling, Empfindlicher Krempling, Sommer-Samtfuß, Speiteufel, Dünen-Stinkmorchel. Fast ein Gedicht…

Der stattliche Baobab ist massiv aus grobem grauen Töpferton geformt und unten ausgehöhlt. Typisch der massige, leicht aufgeblasen wirkende Stamm mit stummeligen Ästchen.

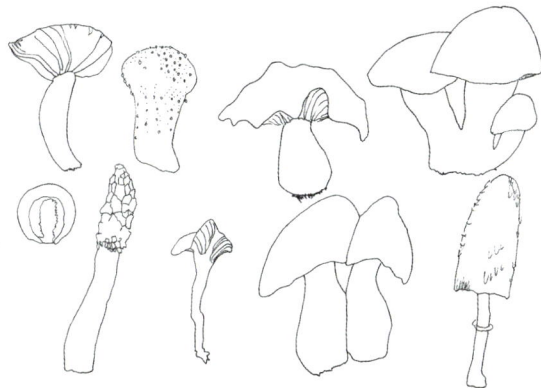

Die Früchte des Baobab waren Vorbild für die Ton-Rassel.

49

Vogeltränke: Sonnenblumen

Einfache Plattentechniken eignen sich für flache Strukturen wie Blätter und Blüten aus dem Pflanzenreich. Die vorgestellte Sonnenblume ist nicht nur ein schöner bunter Gartenschmuck, sondern auch eine praktische Vogeltränke. Sie steht auf dem Stab so hoch, dass Vögel sicher vor Katzen trinken können.

Material

- 2 kg grob schamottierter Ton
- weiße und grüne Engobe
- gelbe und transparente Glasur
- Essteller/Pappschablone, etwa 35 cm Durchmesser
- kleines Glas
- tiefer Suppenteller/Schale
- Plastiktüten
- Holzstange, etwa 1,3 m lang, 3 cm Durchmesser, möglichst kesseldruckimprägniert (Baumarkt)
- Knetgummi/Heißklebepistole

So wird's gemacht

- Ton zu einer gut 1 cm dicken runden Platte ausrollen.
- Mittels Teller/Schablone einen Kreis auf der Tonplatte markieren.
- Rund um den Kreis freihändig oder mit leicht eingedrücktem Gläserrand kleine Halbkreise als Blütenblätter markieren. Blüte ausschneiden.
- Oberfläche beliebig strukturieren, z.B. leicht einpieksen oder einkratzen. Fast lederhart trocknen lassen.

- Tonreste inzwischen zusammenkneten, noch mal ausrollen.
- Ein etwa 12 × 12 cm großes Quadrat daraus schneiden, zusätzlich kleine längliche Dreiecke.
- Aus dem Quadrat einen Tonring formen.
- Tonblüte auf die Rückseite drehen. Anheben und vorsichtig mit ein paar glatten Plastiktüten als Auflage mittig über den Suppenteller hängen.
- Mitte gleichmäßig kuppelartig rund um die Tellerwölbung drücken, Blütenblätter flach auf den Untergrund drücken. Wölbung bitte mindestens 5 cm tief, sonst trocknet die Tränke später zu schnell aus.
- Tonring hochkant auf der Tischplatte gleichmäßig platt klopfen, damit er später gut aufliegt. Dieses Ende mit etwas Schlicker senkrecht als Stiel auf die Kuppel setzen und andrücken. Naht am besten mit einem dünnen Tonwürstchen versäubern.
- Die Dreiecke als Blättchen rund um den Ring auf der Blütenunterseite setzen.
- Wenn die Konstruktion lederhart ist, ganze Oberfläche mit Schwämmchen glätten.
- Kelchblätter und Stiel vor dem Schrühbrand mit grüner Engobe, Blütenblätter mit weißer Engobe färben.
- Brennen, Blütenblätter gelb glasieren, Inneres transparent.
- Bitte eher matte Glasuren verwenden, sonst trauen sich die Vögel nicht ran.
- Nach dem Brand Holzstab in den hohlen Stiel stecken, mit Knetgummi oder Heißklebepistole fixieren. (Oder Stange zuerst in die Erde rammen und als letztes die Blüte waagrecht aufstecken.)

Tipp

Wenn die Vogeltränke richtig wasserdicht sein soll, muss sie als Steinzeug gebrannt werden.

Kleine Giganten: Insekten-Reliefs

Reliefs nehmen eine Zwischenstellung zwischen flächigen und räumlichen Darstellungen ein. Nur leicht abgesetzte oder vertiefte Varianten nennt man Flach- oder Basrelief. Stark aus dem Hintergrund hervorspringende, fast dreidimensionale Gestaltungen werden als Hochrelief bezeichnet. Bei beiden ist dennoch die „Ebene" bestimmend, der Hintergrund hält die Figuren als einheitliches Bild zusammen. Reliefs zieren in Form von Plaketten und Gedenktafeln Hauswände, Kacheln, Ofenplatten, Stelen etc. Seit dem Altertum sind sie in Ton, Stein, Holz, Metall als platzsparende Kunstform beliebt. Je nach Arbeitstechnik wirken die Figuren aufgeklebt oder eingeschnitten. Die Fläche kann auf zwei oder mehr Ebenen bearbeitet sein. Keramikreliefs sind mit mehreren Methoden relativ einfach zu verwirklichen.

Relieftechniken

- Weiche Tonwürste auf die gleichmäßig ausgerollte rechteckige, ovale oder unregelmäßig geformte Tonplatte aufkleben.
- Figurenteile aus dünneren Tonplatten ausschneiden und mit Schlicker auf aufgeraute, lederharte Grundfläche angarnieren.
- Mit der Modellierschlinge Ornamente aus der massiven Fläche auskerben oder einritzen, Vertiefungen nach Geschmack rau lassen oder mit Holzstab versäubern.
- Indirekte Methode: Gipsmodel herstellen und Ton einformen oder gießen (siehe Seite 69).

Material

- 2 kg schamottierter Töpferton
- türkise oder grüne Engobe
- Lineal
- Tonroller
- Kantholz

So wird's gemacht

➡ Aus 1,5 kg Masse 1 cm dicke Tonplatte ausrollen.

➡ Etwa 20 × 25 cm großes Rechteck zuschneiden. Lineal/Holzleiste an die Kanten halten, damit sie exakt geraten.

➡ Restlichen Ton zu einer 5 mm dicken Platte ausrollen. Zeitungspapier unterlegen, damit sie sich gut abheben lässt. Zwischendurch immer wieder mal anheben.

➡ Gleichmäßige Streifen für den Rahmen, Körper der Heuschrecke, schmalere Streifen für Beine und Fühler aus der dünneren Platte schneiden.

- Diese mit Schlicker an die entsprechenden Stellen auf die aufgeraute Grundplatte kleben. Zuerst kommt der Rahmen. Lage vorher vorsichtig markieren.
- Ränder der Elemente mit Modellier- oder Kantholz entlang der ganzen Linie sauber eindrücken und glätten. Dabei können die Formen noch etwas verkleinert werden, z.B. für zartere Beine und Fühler.
- Weitere Details wie Flügelnetz einritzen und eindrücken, Auge aufkleben.
- An den vier Ecken Löcher zum Aufhängen durch die Platte bohren.
- Lederhart antrocknen lassen. Gesamte Oberfläche und scharfe Kanten mit einem feuchten Schwamm vorsichtig abtupfen, damit sie einheitlich sauber wirken.
- Platte sehr langsam unter Plastikfolie trocknen lassen, damit sie sich nicht verzieht.
- Brennen.
- Nach dem Schrühbrand nur die Vertiefungen mit flüssigem Engobeschlicker oder Glasur ausfüllen und nochmals brennen.
- Mit Schrauben oder Drahtschlinge aufhängen.

Leckerer Traum

Mela träumte einmal von einer Insektenpizza. Gleich am nächsten Tag musste sie diese extravagante Idee mit Salzteig und Knete bildlich umsetzen. Später wurden seriösere Tonreliefs daraus. Inspirierende Beiträge als Models lieferten dabei auch noch Heuschrecke Hulda und Hirschkäfer Hugo, siehe Foto. Rezept Salzteig Seite 55.

Übrigens isst man in vielen Weltgegenden Insekten, die sehr nahrhaft und angeblich auch lecker sind: Termiten, Heuschrecken, frittierte Käfer und saftige Maden. Alles nur eine Sache der Gewohnheit. Es gibt sogar schon Kochbücher dafür …

Der bunte Hund: Relief-Spielereien

Hunde sind unsere liebsten Haustiere. Beim Spazierengehen begegnen uns die verrücktesten Moderassen und Mischlinge mit Herrchen und Frauchen. Vom kleinen weißen Scotch Terrier über klapprige Windhunde bis zu riesigen Doggen und irischen Wolfshunden. Super-einfach lassen sich mit Knetmasse schöne Hunde-Porträts zaubern. Mit Fliesen als Hintergrund wirken sie raffiniert und dekorativ. Die Methode eignet sich für viele Tiermotive und für ausgiebige Experimente mit der Relieftechnik. Sie macht auch den Jüngsten schon Spaß.

Material
- Knetgummi
- Keramikkachel/Badezimmerfliese (Reste oder Muster vom Baumarkt; notfalls geht auch weiße Pappe)
- Bleistift
- Folienstift

So wird's gemacht
➡ Bild frei gestalten oder die groben Umrisse des Hundes bzw. Hundekopfes auf der Kachel skizzieren.

Tipps für Kids:

Kennt ihr Sprüche mit Hunden? Wir haben „Hundstage" oder „Hundewetter" oder sind „hundemüde". „Da wird ja der Hund in der Pfanne verrückt", „er ist ganz auf den Hund gekommen" … In England gibt es sogar Wettbewerbe, in denen die Vierbeiner ermittelt werden, die ihrem Herrchen/Frauchen am ähnlichsten sehen – und umgekehrt. Außerdem wird dort auf Dorffesten bei einer Show „der struppigste Hund" gekürt. Bei uns treten dagegen eher auf Hochglanz polierte Rassehunde bei Ausstellungen an.

Paula baut schon mal die Hundehütte – ganz aus Ton!

- Flächen mit Knetgummi ausfüllen. Würstchen, Kugeln, Platten. Nach Belieben strukturieren. Hier funktionieren ähnliche Hilfsmittel wie bei Keramik.
- Details wie Augen, Ohren, Flecken, Zunge farblich abgesetzt aufkleben. Durch Kombinieren platter und dickerer Flächen wirkt das Bild wie ein dreidimensionales Relief. Was nicht gefällt, kann immer wieder abgewandelt werden.

Tipps
Weitere Relief-Spielereien, die Kindern Spaß machen, mit derselben Technik: Eidechsen, Feuersalamander, Schuppentiere, Tierspuren. Zusätzlich können winzige Glasperlen oder Glitterteilchen (Bastelladen) in die Knetmasse gedrückt werden.

Info Knetgummi
Das altbekannte Knetgummi ist ideal für kleinere Objekte und von vielen Herstellern mit starken Qualitätsunterschieden erhältlich. Manche Sorten werden schnell bröselig oder färben auf die Hände ab. Markenprodukte sind gesundheitlich unbedenklich und nach Aussagen der Hersteller Allergie-getestet. Für Kinder unter drei Jahren ungeeignet, Gefahr von Verschlucken. Vorteile beim Arbeiten: leicht zu verarbeiten, farbenfroh, immer wieder neu einsetzbar. Interessante Spezialeffekte verspricht superleichte Schwimmknete.

Ähnliche Eigenschaften wie Knetgummi hat Fimo (bzw. Premo oder Artclay). Die Masse wird im Backofen dauerhaft gehärtet (30 Minuten bei 110 °C). Für Kinder ab acht Jahren empfohlen, ab drei Jahren nur unter Anleitung. Die Variante „classic" eignet sich eher für exakt gearbeitete Kleinobjekte, „soft" lässt sich von Kindern leichter formen, „effect" verspricht Farbspiele wie Metallic, Transparent oder Glitter. Eine beige Variante ist sogar nachtleuchtend, z.B. für Tiefseefische im Wasserglas.

Einfacher Salzteig
200 g Mehl (Type 405) und 200 g Salz mischen, nach und nach mit kaltem Wasser (½ - 1 Tasse) ausgiebig zu einem festen gleichmäßigen Teil verkneten. Mit einem Teelöffel Speiseöl wird er noch geschmeidiger. In Portionen teilen und mit Speisefarben unterschiedlich einfärben. Tropfenweise mit der Gabel einrühren. Hält sich im Kühlschrank einige Tage. Wie Knetgummi formen. Wenn die Teile dauerhaft härten sollen, im Backofen bei 175 °C backen – am besten zusammen mit Backwaren, damit der Ofen nicht extra läuft. Kleine Teile etwa 30 Minuten, größere entsprechend länger, bis sie hart sind. Anschließend beliebig bemalen/lackieren.

Leben im Wasser

Mit den Lebensformen am und im Wasser kommt ein neues Element in unsere Figurenwerkstatt. Wasser lässt Farben käftiger wirken, Proportionen werden durch die veränderte Lichtbrechung verzerrt, Spiegeln und Glitzern der Wasseroberfläche bringt zusätzliche Spannung. Fantasievolle kleinformatige Dioramen lassen uns voll abtauchen in die geheimnisvolle Wasserwelt, sei es mit schwimmenden Kork-Inseln, mit Nixen und Wassermännern, leuchtenden Fischen und Tiefseebewohnern oder Badegästen im Pool. Mit buntem Knetgummi können die Kinder ohne große technische Herausforderungen so richtig in Farben und Formen schwelgen. Alles hält problemlos zusammen, die Miniformate sind schnell und übersichtlich zu verwirklichen. Schwimmknete ist so leicht, dass sie nicht untergeht.

Schneekugeln

Wir setzen unsere Nixengesellschaften am liebsten einfach in eine Schale mit Wasser. Ein paar Tropfen Spülmittel und blaue Tinte ergeben schöne Blubberblasen. Dauerhafter sind Schneekugeln. Fertigsets aus Glasbehälter und Wasserklar gibt es im Bastelladen. Die am Boden angeklebten Figuren aus Knetgummi/Fimo sollten stabil gefomt sein, damit sie beim Schütteln nicht kaputt gehen. Improvisierte Schneekugeln entstehen aus kopfüber aufgestellten dichten Schraubgläsern. Die Figuren werden im Deckel festgeklebt.

Unterwasserparty: Nixen und Wassermann in ihrer kühlen Welt. Wer will, formt auch noch Wasserpflanzen und ein Muschelschloss dazu.

Tropenfische: Ein zusätzlicher Clou sind die Sockel aus echten Muscheln und Knetgummi.

Träumen auf der Luftmatratze: Entspannt im Pool samt Krake Paul. Schwimmknete macht's möglich.

Strasse der Kinderrechte

Krönender Abschluss des Kapitels Modellieren ist ein reizvolles Projekt, das viele Aspekte beim Gestalten von Figuren zusammenfasst. Mit vielfältigen Materialien, Techniken und Beiwerk beschäftigt es Kinder einen ganzen Nachmittag. Zunächst setzen sie sich auch inhaltlich etwas mit dem Thema Menschenrechte auseinander. Wenn sie dann ihre Gedanken umsetzen, erfahren sie, dass Kunst oft nicht Selbstzweck ist, sondern deutliche Aussagen macht. Sie will Dinge, die uns wichtig sind, in einprägsame Bilder verpacken, die lange nachwirken. Die Stelen werden in mehreren Stationen als Straße im Freien oder in einem öffentlichen Gebäude (Schulfoyer, Gang) arrangiert. Damit der Sinn der spannenden Aktion für Passanten klar ist, kann ein Infoposter aufgehängt oder jede Station beschriftet werden.

Material
- Menschenfiguren aus Keramik/Modelliermasse
- Töpferton
- Unterbau für die Stelen (etwa hüfthohe Baumstamm-Abschnitte, Porenbetonstein, Turm aus mehreren Ziegeln, großer umgedrehter Eimer/Blumentopf o.Ä.)
- Dekomaterial und Rohstoffe wie Holzbrettchen, Nägel, Plastik, Pflanzenteile, Haushaltsgegenstände, Spielfiguren
- Werkzeuge entsprechend den bereitgestellten Materialien
- Plakatfarben und Klebstoff entsprechend den Materialien

So wird's gemacht
- Jedes Kind (bei großen Gruppen Teams aus je zwei bis drei Kindern) wählt sich nach Besprechung ein bestimmtes Menschen-/Kinderrecht, das es besonders wichtig findet und bildlich darstellen möchte.
- Stelen und Unterbau an den vorgesehenen Stellen der Reihe nach umkippsicher aufstellen. Genügend Abstand zwischen den einzelnen Stationen lassen, damit die Kinder sich nicht gegenseitig behindern.
- Viele Zufalls- und Recyclingstoffe stehen zum Werken bereit. Aus dem Materialberg ansprechende Teile aussuchen, die zum Thema passen könnten.

Tipps für Kids:

Alle Menschen haben Grundrechte. Diese gelten für alle Kinder, Frauen und Männer in allen Ländern der Welt gleich. Die Vereinten Nationen haben diese Rechte in einer Charta schriftlich niedergelegt. Besonders traurig sind oft die Lebensumstände von Kindern, da sie noch nicht für sich selber sprechen können. Daher erließ die UN zusätzlich extra eine Charta der Kinderrechte. Dort ist z.B. festgelegt, dass alle Kinder ein Recht auf eine eigene Identität (Geburtsurkunde), Bildung, ausreichende Ernährung etc. haben.
Bei uns ist das meist selbstverständlich, in anderen Ländern aber nicht. Vielerorts werden den Menschen Rechte durch schlechte Politik, mangelnde Organisation oder einfach ungünstige Naturbedingungen vorenthalten. Schulkinder müssen arbeiten und dürfen nicht spielen, Kranke bekommen keine Hilfe, Babys kommen schon mit Aids auf die Welt, müssen in einer weitgehend zerstörten Natur aufwachsen. Informiert euch z.B. im Internet genauer (z.B. www.kinderrechte.gv.at) und zeigt mit einem schönen Kunstwerk, was ihr am wichtigsten findet.
Übrgens: Rechte haben bedeutet auch sie verantwortungsbewusst nutzen: in der Schule gut lernen, die Natur schützen, vernünftig mit Nahrungsmitteln umgehen …

➡ Die Figuren werden extra passend modelliert oder aus Vorhandenem zusammengestellt. Markant platzieren, Lücken eventuell durch spontan gestaltete Lehmfiguren ergänzen.
➡ Station mit passendem Beiwerk und entsprechenden Symbolen schmücken.
➡ Soll die Straße länger stehen bleiben, werden die Teile angeklebt, angenagelt, mit Draht oder U-Haken befestigt.

Was uns wichtig ist: Ihre Rechte haben die Kinder symbolisch dargestellt. Genug zu essen für alle, schreiben und lesen lernen, in die Schule gehen dürfen, intakte Natur erleben, die eigene Meinung frei sagen dürfen …

Kapitel 2
Weitere Werkstoffe

Die beim Modellieren erprobten Gestaltungsprinzipien sind auf viele Bereiche anwendbar. Im zweiten Teil des Buches befassen wir uns mit weiteren Werkstoffen und nähern uns locker an die entsprechenden neuen Bearbeitungstechniken an. Hier geht es oft recht unkonventionell zu, gebräuchliche Methoden sind auf ungewohnte Art vereinfacht. Ganz von selbst entwickeln die Kinder ein Gefühl für Materialeigenschaften und handwerkliches Geschick. Papier und Stoff sind ergiebig und unkompliziert, doch auch Stein und Metall reizen zu einfachen Projekten. Viel Spaß bringen bunte Abfallmaterialien, die nichts kosten und voluminöse Objekte erlauben. Zufällig Vorhandenes wird dabei noch mal zum Leben erweckt. Die fesselnden Motive können mit mehr oder weniger Aufwand in verschiedenen Altersgruppen beliebig abgewandelt werden. Alles dreht sich wieder um Menschen, Tiere, Pflanzen, Wesen aus der realen und imaginären Welt. Kleine Tipps regen die Kinder an, sich intensiver mit den dargestellten Figuren und Themen auseinanderzusetzen.

Steinreich: Kiesbänke an Flüssen, Baustellen, geologische Aufschlüsse und Steinbrüche sind eine unerschöpfliche Fundquelle für Kiesel, Steinbrocken, Versteinerungen, Mineralien. Fantastische Lochsteine werden auch Hexensteine genannt: Angeblich sieht man die Welt in einem anderen Licht, wenn man hindurch schaut ... Unserer hat zwei wie Augenhöhlen angeordnete natürliche Löcher und erinnert an den Schädel eines Höhlenbären.

STEIN-PROBEN

- Unterschiedliche Steine anheben, die Schwere fühlen.
- Oberflächen vergleichen. Alles zwischen ganz rau und ganz glatt ist vertreten. Lässt sich die Oberfläche mit einem Nagel einritzen oder ist sie zu hart?
- Welche Farben, Musterungen, Maserungen sind erkennbar? Viele Steine haben keine einheitliche Struktur, sondern bestehen aus mehreren klar abgegrenzten Schichten.
- Welche Steinsorten lassen sich mit einem Hammer zerschlagen? Bitte nur kleine Proben, vorsichtig, für alle Fälle mit Schutzbrille.
- Jeder Stein hat sogar seinen eigenen Klang. Zwei aneinander klickernde Kiesel klirren ganz anders als eine dumpf mit dem Holzlöffel angeschlagene Schieferplatte.
- Viele Steine sind bereits von der Natur „bearbeitet" worden: im Fluss oder Meer rund geschliffen, rau gesprungen, zu Platten gebrochen ...
- Andere wurden von Menschen geformt. Wo sieht man z.B. an der Stadtmauer oder an Bordsteinen noch Spuren von Werkzeugen?

EXPERIMENTE MIT STEIN UND GIPS

Ein Künstler, der Steine bearbeitet, wird Bildhauer genannt. Gestaltet er eher Gebrauchskunst und Ornamente, beispielsweise für Fassaden, ist er ein Steinmetz. Beides erfordert genaue Kenntnisse über die einzelnen Steinsorten: Mit welchen Werkzeugen können sie zerteilt, geglättet, gebohrt werden, wie verhalten sie sich beim Brechen, wo splittern sie ... Neben Spezialwerkzeugen ist eine gewisse Muskelkraft nötig. Dennoch können sich auch Kinder dem Werkstoff Stein annähern. Es muss nicht gleich Granit oder Marmor sein: Kiesel, Speckstein, Porenbeton und Gips sind relativ leicht mit vereinfachten Methoden zu bearbeiten.

Zunächst werden verschiedenste Steine in der Umgebung entdeckt und mit allen Sinnen erforscht. Runde Flusskiesel, Mineralien, Bruchsteine, Pflastersteine und Baustoffe ergeben eine anschauliche Sammlung und gleichzeitig ein „Materiallager" für künftige Projekte.

Steinkunst

- Am einfachsten sind Collagen im Stil von Land-Art aus Zufallsfunden umzusetzen: Tiere aus flachen Steinen legen, Säulenmännchen aufschichten, interessant geformte Findlinge durch kleine Ergänzungen beleben.
- Mit Gips, Zement oder Spezialkleber einzelne Steine dauerhaft zu Figuren verbinden.
- Sandstein kann mit einem alten Meißel und Hammer leicht behauen werden. Wir haben auf dem Foto einen rosa Quader mit einem Rillenlabyrinth verziert. Er stammt aus den Steinbrüchen, die auch Material für die Nürnberger Burg und Stadtmauer lieferten.
- Kräfteschonender wird Sägen und Meißeln an Gipsblöcken, Speckstein und Porenbeton erprobt.
- Muster und Äderungen im Stil der Natur: Echte Steine beklecksen, Gips mit Marmorierung gießen oder aus unterschiedlichen Tonmassen bunte Schichtungen bilden.

Oben: Fast wie Marmor: lufttrocknende weiße Modelliermasse.

Mitte: Sandstein.

Unten: Da kann man sich schön auspowern: Experimentieren mit Bruchsteinen.

Kubistisch angehauchte Köpfe aus Seifenstücken.

Steinminiaturen: Amulette mit Speckstein

Weichere kompakte Werkstoffe werden wie Steine „aus dem Vollen" bearbeitet und geben dabei eine Ahnung von den Grundprinzipien der Steinbildhauerei. Im Gegensatz zum Modellieren kann dabei nur Substanz abgetragen, nicht aber nachträglich wieder zugefügt werden. Folglich muss jeder Arbeitsschritt vorher genauer überlegt werden und die Form kann kaum spontan geändert werden. Kinder sollten immer nur unter Aufsicht mit Meißeln und Messern hantieren.

Seife schnitzen

Seife ist ein ungewohntes, aber leicht zu bearbeitendes Material, an dem die oben beschriebenen Arbeitsmethoden sich ohne Risiko erproben lassen. Am besten eignet sich wohlriechende Haushaltsseife. Seifenstück vorsichtig mit einem kleinen Obst- oder Taschenmesser in Form bringen. Rillen und Vertiefungen lassen sich auch gut mit dem Linolschneidemesser ausführen. Die unterschiedlichen Konsistenzen und Farben ergeben interessante Unterschiede. Transparentseifen wirken weich wie Edelstein, gemaserte Stücke eher wie scharfkantiger Marmor. Beim Arbeiten bitte nicht in Augen und Mund fassen. Seifenreste sammeln und zu bunten Seifenkugeln verkochen.

Speckstein bearbeiten

Steatit fühlt sich weich und fettig an, daher der landläufige Name Speckstein. Er kommt in vielen Farben und Musterungen vor und besitzt auf der Härteskala der Gesteine nur eine Härte von eins. Die Skala reicht von eins bis zehn, wobei Diamant bei zehn liegt. Die Oberfläche lässt sich schon mit dem Fingernagel einritzen. Manche Brocken sind von Adern durchzogen und können unerwartet brechen. Speckstein ist in großen und kleinen Blöcken/Bruchstücken in Läden für Künstlerbedarf erhältlich. Für jüngere Kinder empfiehlt es sich, die Formen schon grob vorzusägen, so dass sie sich ganz aufs Feilen und Glätten konzentrieren können. Bastelläden führen eine Auswahl an bereits handlich vorgeschnittenen Rohlingen.

Anders als bei Metallen, Glas, Plastik und sonstigen Werkstoffen, die sich mit allen möglichen Methoden in beliebige Formen bringen lassen, bestimmt der Stein weitgehend selber die Ergebnisse. Wir müssen unsere Ideen an seine ursprüngliche Form anpassen. Die Bearbeitung ist selbst bei weichem Speckstein vergleichsweise langwierig und erfordert Geduld. Bildhauer verwenden Sägen, Raspeln und Riffelfeilen für größere Werke. Für erste kleine Versuche reichen aber Haushaltswerkzeuge wie Raspel, Feile, Bügelsäge, altes Taschenmesser. Knapp faustgroße Steine werden in der Hand oder auf einem Tuch liegend bearbeitet. Löcher lassen sich mit Handbohrer oder Bohrmaschine (Steinbohrer) ausführen. Die Oberfläche wird zum Schluss mit Schleifpapier geglättet.

Probieren Sie für den Anfang kleine Tier-Anhänger oder Handschmeichler in Tierform. Wie bei größeren Steinprojekten gilt: sich am besten von der Form des Rohlings inspirieren lassen. Je weniger man feilen und schneiden muss, desto einfacher. Die Ergebnisse wirken dann schön organisch.

Steinamulette mit bunter Kordel und Perlen.

Speckstein kommt in vielen Farben und Maserungen vor.

Gips giessen: Skarabäus und Marmor

Im alten Ägypten waren kleine Käfer aus Stein und keramischen Massen ein beliebter Glücksbringer. Wir haben die reizende „steinalte" Idee riesig vergrößert für Kinderhände neu interpretiert. Nicht nur das Gießen, Ritzen und Bemalen, auch das Finden und Formulieren schöner Wünsche beschäftigt die Jüngeren ausgiebig. Aus der genial einfachen Gießform, einer halben Zitronenschale, lässt sich der fertige Gipsblock problemlos entnehmen.

Mit Marmorierfarben lassen sich trockene Gipsblöcke (rechts) auf der Oberfläche mustern. Farbflüssigkeit nach Herstellerangaben in eine Schüssel mit Wasser tropfen, Gipsblock vorsichtig drehend eintauchen. Links durchgefärbter „Gipsmarmor".

Tipp

Gips wird in Form gegossen, ist aber auch nachträglich noch zu bearbeiten. Der ausgehärtete Block lässt sich sägen, feilen, schmirgeln, kratzen. Bei allen Gipsarbeiten bitte zügig vorgehen. Der Brei bindet immer schneller als erwartet ab. Alles gut vorbereiten und die einzelnen Schritte vorab kurz noch mal überdenken. Gerätschaften direkt nach Gebrauch reinigen.

Gipsmarmor

- „Marmorstein" lässt sich toll mit Gips imitieren. Dazu Gipsmehl recht flüssig nach Anweisung anrühren. Kleine Portionen in zwei bis drei Joghurtbecher umfüllen und etwas wasserlösliche Farbe (Tinte, Tusche, Plakatfarbe) einrühren.
- Fingerdicke Schicht weißen Gips in eine Plastikdose gießen. Einen Esslöffel gefärbten Brei vorsichtig unterheben und verquirlen, bis Schlieren entstehen, etwas anziehen lassen.
- Weiteren weißen Gipsbrei auffüllen, weitere bunte Maserungen ziehen. Mehrere Schichten übereinander, bis der Gipsblock die gewünschte Höhe hat. Nicht zu viel Gips auf einmal anrühren, da er schnell abbindet.
- Der fertige Block kann gesägt und geraspelt werden und ergibt auch interessante Sockel, wenn direkt ein Metall- oder Holzstab mit eingegossen wird.

Material

- Gipsmehl
- Joghurtbecher
- große Zitrone
- Zitronenpresse
- Teelöffel
- Schmirgelpapier
- Nagel/Töpfernadel
- Wasserfarben

Tipps für Kids:

Den ausgepressten Zitronensaft könnt ihr mit Wasser und ein paar Minzblättern vermischt als erfrischende Limo trinken.

So wird's gemacht

➡ Zitrone längs halbieren und vorsichtig auspressen.
➡ Weiche weiße Fasern mit dem Löffel auskratzen.
➡ Falls die Schalen noch wacklig oder schräg stehen, unten ganz wenig vom Boden abschneiden.
➡ Gipsmehl nach Packungsanweisung mit Wasser zu einem mittelweichen Brei verrühren, nochmals durchschlagen, bis keine Blasen mehr kommen. Bitte langsam rühren, damit das Pulver nicht staubt. Pro Zitronenhälfte ist etwa ein Joghurtbecher voll Pulver nötig.
➡ Gipsbrei in die Zitronenschale gießen. Leicht klopfen, bis die Gipsfläche ganz glatt ist.
➡ Erstarren lassen. Wenn der Gips sich nicht mehr warm anfühlt, hat er abgebunden.
➡ Aus der Form nehmen.
➡ Boden und Oberfläche eventuell noch etwas glatt schaben oder schmirgeln.
➡ Mit dem Nagel Rillen und Muster auf der Kuppel einritzen. Es geht am besten, wenn der Gips noch ganz frisch ist.
➡ Unterseite mit Schrift, Zeichen, Wünschen oder Fantasiesymbolen verzieren.
➡ Mit Wasserfarben bemalen.
➡ Alternativ kann die Oberfläche auch zuerst komplett bemalt werden und anschließend mit dem Nagel eingeritzt werden.

Rechts: Die fertig bemalten Glücksbringer, ganz unten die Rückseiten.
Glücksbringer: Zwischen den Gipskäfern tummeln sich weitere schöne Exemplare aus bunter Knetmasse. Für die Ornamente auf den Flügeln haben die Kinder mehrere Schichten Knetgummi aufeinander gelegt, wie einen Teppich aufgerollt und dünne Scheiben von der Rolle abgeschnitten.

Im Zeichen der Schildkröte.

Sandstein-Tiere

Diverse gießbare Substanzen bilden mit Sand oder Erde vermischt beim Trocknen mehr oder weniger steinartige Oberflächen. Meist sind diese improvisierten Werkstoffe nicht ausreichend plastisch und eignen sich daher eher für grobe, liegende Tierformen und Reliefs. Bitte bei allen Gießtechniken beachten: Was vertieft in die Form eingedrückt wird, erscheint später auf dem fertigen Abguss erhaben aufliegend und seitenverkehrt. Die vorgestellten Tiermotive leben von reizvollen Zufälligkeiten und der rustikalen Optik. Sie sind leider nicht ganzjährig fürs Freie geeignet, da sie bei stärkerem Frost springen können.

Gips in Sand giessen

- Feuchten Sand in eine große Schüssel füllen und glatt pressen.
- Mit Händen/Holzstab eine grobe reliefartige Tierform in den Boden eindrücken.
- Entsprechende Menge Gips in einer Schüssel relativ dünnflüssig anrühren.
- Sachte in die Gipsform gießen, zuerst in Vertiefungen. Zügig arbeiten.
- Gips noch einige Stunden in der Form lassen, bis er vollständig erstarrt ist.
- Lose Sandkörner von der Oberfläche abbürsten.
- Mit grobem und feinerem Sand in mehreren Farbnuancen wirken solche Reliefs wie echter Sandstein.

Gips in Tonmodel giessen

- Aus unschamottiertem weißen Ton eine flache Schale mit dickem Boden grob mit den Händen formen. Inneres glätten.
- In den Schalenboden mit Fingern oder Stöckchen Tierformen eindrücken oder mit Teelöffel

Gips in Sand: „Fossilienfund".

aus dem festen Ton heben. Unterschneidungen vermeiden.
- Gips nach Gebrauchsanweisung relativ dünnflüssig anrühren, kurz stehen lassen, nochmals leicht aufschlagen, bis alle Luftblasen entweichen.
- Gipsbrei langsam in Tonmodel gießen.
- Seiten/Tischkante klopfen, damit sich der Brei gleichmäßig verteilt.
- Abbinden lassen.
- Tonrahmen vom erkalteten Gips abziehen, Tonreste mit einem Zahnstocher reinigen.
- Kanten mit dem Messer leicht abrunden.
- Gipsoberfläche nach Belieben bemalen oder zusätzliche Musterungen einritzen. Am einfachsten geht es, wenn der Gips noch frisch und weich ist.

Gießform aus frischem Töpferton.

Gipsbrei in Tonmodel gießen.

Sand-Masse.

SAND-MASSE

- Eine Schüssel Gipsmehl mit Wasser zu dünnflüssigem Brei verrühren.
- Sofort Sand/gesiebte Erde einrühren, etwa gleiches Volumen wie Gipsmehl. Es entsteht eine etwas zähe Masse, die schnell abbindet.
- Mit den Händen (eventuell Latexhandschuhe) aus dieser Masse zügig eine stilisierte einfache Tierform aufbauen, z.B. Schildkröte, Relief, Seehund. Keine filigranen Details. Darauf achten, dass sich alle Teile sofort gut verbinden. Als Unterlage eine glatte Oberfläche (Backblech, Plastiksack) verwenden.
- Wenn der Gips abgebunden hat und nicht mehr heiß ist, nachbearbeiten, z.B. leicht glätten oder einritzen. Vorsichtig handhaben, damit nichts abbricht. Die grobe Oberfläche wirkt wie Sandstein.

Leichtgewichte aus Beton

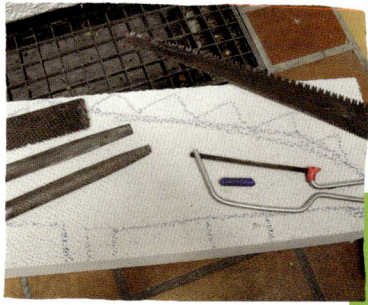

Quader aus Leicht-, Gas- oder Porenbeton sind in allen möglichen Größen im Baumarkt auch einzeln erhältlich. Sie lassen sich erstaunlich leicht bearbeiten. Die etwas bröselige weiße oder graue Oberfläche erinnert an Sandstein. Für erste Versuche mit der Bildhauerei ist das Material ideal. Zunächst sind keine Spezialwerkzeuge nötig, es reicht eine alte Holzsäge und Feile aus der Werkzeugkiste. Für Kinder die Form grob vorsägen und nur die Feinheiten mit Feile, Raspel und Schmirgelpapier ausführen lassen. Dabei vorsichtshalber Staubmaske und Schutzbrille tragen.

Tipps

Auch etwas imposantere Formate für den Garten lassen sich leicht verwirklichen. Die Figuren sind im Freien bedingt wetterfest und nehmen unbehandelt im Lauf der Jahre eine schmutzigweiße Patina an. Unempfindlicher werden sie, wenn man sie mit Zementschlämme oder abgetönter Fassadenfarbe bemalt.

Material

- Porenbeton, z.B. für das Krokodil ein Quader von 11 x 20 x 60 cm
- Wachskreide
- alte Holzsäge/Fuchsschwanz
- grobe Raspel, Feile
- grobes Schmirgelpapier
- Nagel
- eventuell Bohrmaschine

Leicht zu bearbeiten. Links die Herstellungsschritte, rechts die fertige Skulptur mit abgerundeten Ecken und Kanten. Wer es kantiger mag, lässt die Sägespuren deutlich sichtbar, wie unten.

So wird's gemacht

- Übersichtliche Motive wie z.B. kompakte Tierform passend zu Quaderform wählen. Geschickte Vorplanung ist wichtig, damit mit möglichst wenig Schnitten interessante Ergebnisse entstehen. Es kommt sehr auf die Reihenfolge der Schnitte an. Was einmal weg ist, kann nicht mehr angeklebt werden.
- Tierform grob mit Wachskreide als Seitenansicht an den Wänden des Quaders markieren. Ebenso Draufsicht auf der oberen Fläche.
- Ecken, Aussparungen für Beine, Kopf und Schwanz wegsägen. Größere Stücke lassen sich gut freihändig sägen, ohne dass der Stein eingespannt wird.
- Wenn die Seitenansicht in groben Umrissen stimmt, auf der Unterseite Längsrille zum Teilen der Beinpaare sägen.
- Kopf und Schwanzende in der Draufsicht keilförmig verjüngen.
- Entlang des Rückens Leiste für die Zacken sägen. Dazu auf beiden Seiten eine dünne Leiste von etwa 4 x 4 cm wegsägen. Aus der verbleibenden Rückenleiste Dreiecke aussägen, bis die Zacken gut zur Körperform passen.
- Mit einem dicken Nagel das Auge umrillen und Pupillenschlitz einkratzen.
- Gesamte Form mit Raspel und Feilen nacharbeiten, bis alle Details stimmen.
- Entweder werden die Schnittkanten scharf gelassen, was sehr die „steinige" Note betont, oder schön geglättet und abgerundet.

Schnecken-Workshop

Schneckenhäuser gehören zu den faszinierendsten Bauformen der Natur. Mit ihren ausgewogenen Windungen symbolisieren sie Perfektion und Unendlichkeit. Ständig scheint sich die Spirale zu drehen und strahlt dadurch eine unglaubliche Dynamik aus. Die genialen Formen sind mit unterschiedlichen Materialien leicht nachzustellen. Nicht nur im Garten, auch am Strand und in Gewässern machen die Kinder Funde für ihre Sammlung. Häuser mit und ohne „Bewohner" sind allgegenwärtig. Leere Hüllen lassen sich auf vielfältige Art künstlerisch bearbeiten und verfremden. Dabei erfahren die Kinder einiges über das seltsame Leben der Schnecken.

Tipps für Kids:

Schnecken sind zwar Tiere, passen aber doch ganz gut in unser Stein-Kapitel. Sie gehören zusammen mit Muscheln und Tintenfischen zu den Weichtieren und bauen ihr Haus aus dem Kalk auf, den sie in der Umgebung aufnehmen. Weinbergschnecken leben daher besonders gern auf Kalkböden. Die bekannte und in unseren Breiten allgegenwärtige große Wegschnecke oder Schnirkelschnecke ist einfarbig oder gebändert.

Schnecken haben übrigens ihre Augen erhöht wie kleine Teleskope in dem größeren Fühlerpaar am Kopf untergebracht. Sie werden etwa drei bis sieben Jahre alt und halten einen Winterschlaf. Pro Stunde schaffen sie im „Schneckentempo" 2-4 m Wegstrecke und raspeln unterwegs ihre pflanzliche Nahrung mit der Zunge ab.

Sucht ein paar Schnecken mit unterschiedlicher Musterung und setzt sie mit Grünzeug in ein großes offenes Glas oder eine Kiste. So könnt ihr sie gut beobachten. Nach einem Tag entlasst ihr den Schneckenzoo wieder in die Freiheit.

Gestaltungsvorschläge

- Leere Schneckenhäuser mit Wasserfarben/Acryl bunt bemalen und farblich verfremden.
- Mehrere leere Häuser heimischer Gartenschnecken auf Holzspießchen stecken. Etwas Kaugummi oder Knetmasse im Inneren hält die Spieße fest. Die ganze bunte Sammlung in eine Schale mit feuchtem Sand stecken.
- Die Jüngsten statten leere echte Häuser mit modellierten Schneckenkörpern aus buntem Knetgummi aus und arrangieren diese mit etwas Grünzeug zu einem Schneckenzoo.
- Ältere bilden spiralige Formen in Ton oder Modelliermasse nach und reizen bei der authentischen Oberflächengestaltung die ganze Palette der Glasuren und Engoben aus. Gute Effekte ergeben sich mit Stein-, Perlmutt- und Metallicglasuren sowie mit aufgesprenkelten Kontrastfarben.

Tipp

Ähnlich faszinierend zu beobachten und künstlerisch nachzubilden sind andere Tiere mit Gehäuse: z.B. die raffinierten Baustrukturen von Seeigeln mit zehn doppelten Löcherreihen. Auch Muscheln, Ammoniten und Versteinerungen lassen sich gut in Ton nachempfinden.

Ältere Gehäuse mit rauer Oberfläche lassen sich gut mit Wasserfarben bemalen.

Die ganze Vielfalt: Echte Schneckenhäuser und Nachbildungen aus Ton.

Falten und Knittern: Papier und Pappe

Besuch im Mikroskop: Einzeller

Einzeller aus bunten Papierresten führen in die unbekannten Reiche der Mikroorganismen und Zellen. Mit bloßem Augen wären sie in echt niemals zu erkennen. Daher muten die riesig vergrößerten Dimensionen schon etwas surrealistisch an. Kinder erhalten mit der Aktion eine erste Ahnung von diesen geheimnisvollen Lebensformen. Teilweise herrschen ähnliche Strukturen vor wie in unserer alltäglichen Welt, daneben aber auch seltsam bunt und abstrakt wirkende. Es geht nicht um authentisches Nachbilden, sondern um Spiel mit der Vorstellung. Die farbenfrohen Ergebnisse sind ein toller Wandschmuck. Nach gleichem Prinzip können auch riesige Menschenköpfe kreiert werden.

Material

- großer Hüpfball und große Schüssel/Schale/gewölbter Plastikdeckel
- Tapetenkleister für schwere Tapeten
- Zeitungspapier
- bunte Papierreste (Ton- und Glanzpapier, alte Zeitschriften, Kataloge, Seiden- und Krepppapier)
- Baumwollfäden
- Tüll

So wird's gemacht

- Tapetenkleister nach Gebrauchsanweisung mit Wasser verrühren, kurz stehen lassen und nochmals schlagen. Am besten direkt einen kleinen Eimer voll anmachen.
- Zeitungspapier in Fetzen und Streifen reißen.
- Ball in die Schüssel stellen, damit er nicht wegrollt.
- Zwei Lagen Zeitungspapier zu einer rundlichen Platte verkleben und auf den Ball drücken, so dass sie leicht kuppelförmig liegt. Unterseite des Papiers nicht einkleistern.
- Weiteres Zeitungspapier in überlappenden Fetzen und Streifen aufkleben. Jede Schicht einzeln einkleistern. Am besten geht es direkt mit den Händen. Insgesamt zwischen fünf und zehn Schichten.

Tipps für Kids:

Im Mikroskop kann man Kleinstlebewesen und Zellen live und in Bewegung ansehen. Ansonsten tun es auch Bücher und Fotos im Internet. Tolle Aufnahmen bringt z.B. Pedro Galliker in seinem Buch plus Video „Abenteuer Mikrowelt".

- Oberste Lage mit Schmuckpapieren interessant gestalten. Buntpapier zu rundlichen „Zellkernen" und sonstigen Strukturen reißen und aufkleben.
- Umrisse der Kuppel vorsichtig glatt schneiden.
- Fransen und Details mit Streifen von Tüll, Krepppapier ergänzen. Feinstrukturen mit Baumwollfäden aufkleben.
- Gesamte Oberfläche noch mal vorsichtig mit Kleister überstreichen, damit alles gut hält.
- Auf der Unterlage gründlich trocknen lassen.

Tüll, Krepp, Seiden- und Glanzpapier.

Pappteller für Kleinformate.

Blütentaumel: Riesenschmetterlinge

Ein Ausflug in die leichte bunte Welt der Schmetterlinge ist schnell vorbereitet. Durch die großen Formate wirkt die einfache Aktion spektakulär. Kinder können sich einem wahren Farbenrausch hingeben und flatternd mit den Ergebnissen durch den Garten rennen. Unter der Zimmerdecke oder in Bäumen aufgehängt, sind sie eine reizende Sommerdekoration.
Infos über das Leben der Schmetterlinge liefern Bücher und Hefte.
Begleitend wird ein toller „Schmetterlingskasten" gebastelt und immer wieder ergänzt: In einen flachen weißen Kartondeckel werden diverse kopierte, gemalte, ausgeschnittene Papiermodelle mit Stecknadeln befestigt und mit Namensschildchen versehen. Im Vergleich zeigen sich schön die unterschiedlichen Formen und Musterungen bekannter und seltenerer Arten. Es macht nichts, wenn die Größenverhältnisse nicht ganz stimmen.

Material
- weißer/gelber stabiler Zeichenkarton, etwa 30 x 60 cm
- Wachsmalkreiden
- Wasser- oder Aquarellfarben
- Flachpinsel
- Holzstäbe/Äste
- Drahtreste, 1-2 mm stark
- Paketschnur
- vier Holzperlen

Tipp
Bei Großformaten und Aktionen mit vielen Kindern lohnt es sich, bunte Tinte/Tusche oder Batikfarben zu besorgen: Bei letzteren 1 Teelöffel Pulver in einer großen Tasse kochendem Wasser auflösen und bei Bedarf weiter verdünnen. Die Farben sind sehr leuchtkräftig und ergiebig. „Nachtfalter" können mit Nachtleuchtfarben (Bastelladen) bemalt werden.

So wird's gemacht
- Zeichenkarton in der Mitte falten.
- Umrisse für rechtes Flügelpaar auf der rechten Papierhälfte markieren, so dass der Körper später auf dem Knick zu liegen kommt. Beide Flügelpaare müssen im Knick mindestens auf einem Drittel der Länge verbunden bleiben, sonst wird das Ganze unstabil.
- Umrisse ausschneiden, zuklappen, auf zweite Papierhälfte übertragen und ebenfalls ausschneiden.
- Nahe der Kante mit Nagel oder Ahle vier kleine Löcher durchstanzen.
- Aufklappen, ein paar dicke wässrige Farbkleckse auf eines der Flügelpaare setzen.
- Wieder zuklappen, so dass sich die Kleckse aufs andere Flügelpaar übertragen. Dadurch wird die Gestaltung symmetrisch.
- Mit Wachsmalkreide weitere symmetrische Musterfelder auf alle Flügelflächen malen. Die Jüngsten zeichnen reine Fanta-

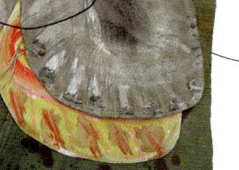

Oben: In mehreren Arbeitsschritten entstehen bunte Riesenschmetterlinge.
Schmetterlingsgärtchen: Blumenbeete mit Kräutern und Wildblumen ziehen echte Schmetterlinge an.

siemuster auf, Ältere orientieren sich an realen Arten.

➡ Flächen komplett mit Wasserfarben ausfüllen. Die Wachskreide bleibt deutlich sichtbar.

➡ Trocknen lassen, Rückseite ebenfalls bemalen. Meist sind Schmetterlinge unten dunkler und unscheinbarer gemustert. Diese zusätzliche Arbeit lohnt sich, damit das Ergebnis wirklich ansprechend und „fertig" wirkt.

➡ Durch jedes der Löcher ein Schnurstück ziehen, an der Unterseite mit Perle verknoten. Lose Schnurenden oben zum Halten zusammenknoten.

➡ Für den Körper ein gegabeltes Aststück auf den Knick aufkleben. Oder Bambusstäbe mit Fühlern aus einem Drahtrest.

TIPPS FÜR KIDS:

Bei uns leben fast viertausend Schmetterlingsarten. Die meisten davon sind Nachtfalter, die wir kaum je zu Gesicht bekommen. Die etwa 190 Arten von Tagfaltern werden wegen der fortschreitenden Zerstörung ihrer Lebensräume immer seltener. Ihr könnt ihnen helfen. Legt im Garten oder auf dem Balkon eine kleine Wildblumenwiese oder ein Schmetterlingsgärtchen im Blumenkasten an. Am liebsten naschen sie einheimische Wildpflanzen und Kräuter, z.B. Natternkopf, Kapuzinerkresse, Salbei, Thymian, Origano, Lavendel, Geißblatt und vor allem Schmetterlingsflieder (Buddleja).

Fast wie echt: „Schmetterlingskasten" mit ausgeschnittenen Papiermodellen.

Schatten aus der Vorzeit: Dinos

Die großen Pappfiguren sind einfach herzustellen und bieten gleich mehrere spektakuläre Einsatzmöglichkeiten: An Haltestangen können die bizarren Tiere getragen und als Spielfiguren in unterschiedliche Positionen gebracht werden. Als Fensterbild ziehen sie garantiert alle Blicke auf sich. Und im geheimnisvollen Licht des Schattenspiels schließlich werden die zweidimensionalen Dinosaurier als Schattenfiguren gleichsam „räumlich" und dadurch ungeheuer lebendig.

Material
- starre Kartonreste/Fotokarton in Schwarz oder Weiß
- Cutter
- Brief-Verschlussclips
- Locher/Stechahle
- Drahtreste (1-2 mm stark)

So wird's gemacht

➡ Nach Schablonen (Seite 116, beliebig vergrößern) oder eigenen Entwürfen Umrisse von Dinosaurieren auf dem Karton markieren. Sollen sie beweglich sein, müssen sie aus zwei Teilen bestehen, die sich teilweise in einem Gelenk überlappen.

➡ Ausschneiden. Am besten geht es mit dem Cutter auf einer Unterlage aus Pappkarton. Bitte Kinder nur unter Aufsicht hantieren lassen!

➡ Beide Tierhälften an den markierten Stellen lochen und im Gelenk mit Clip verbinden. So ergibt sich ein beweglicher Oberkörper, Unterkiefer, ein schlenkerndes Bein etc.

➡ Etwa 4 x 30 cm große Halteleisten aus Pappe zuschneiden und auf die Rückseite der Tierkörper kleben.

➡ Kleinere bewegliche Teile wie Unterkiefer mit einem Drahtstück versehen. Dieses wird zum Auf- und Zuklappen des Gebisses mit der zweiten Hand bewegt.

Improvisierte Schattenbühne

- Dünne Stoffbahn (Baumwolle/Seide) im Türrahmen oder im Freien an einer Wäscheleine zwischen zwei Bäumen aufspannen.
- Von hinten mit Halogenlampe/Stehlampe/Scheinwerfer einfach oder von zwei Seiten anstrahlen. Darauf achten, dass die seitlich stehenden Kinder zwischen Lampe und Leinwand noch genügend Platz zum Agieren haben und nicht über Kabel stolpern.
- Farbeffekte lassen sich mit buntem Transparentpapier oder Transparentfolien erreichen, die in einigem Abstand vor die Lichtquelle gehängt werden. Ebenso mit farbigen und blinkenden Taschenlampen.
- Kulissen der „Urzeit" mit bunten Folien, geheimnisvoll wehenden Wollfäden und Zimmerpflanzen hinter der Bühne ergänzen.

Zeitreise im Kinderzimmer: Das spannende Schattenspiel katapultiert uns etliche Millionen Jahre zurück in die Epoche des Jura, als die Dinosaurier noch das Sagen hatten. Schemenhafte Gestalten erzählen ihre Geschichte ...

Tipps für Kids:

Ständig werden auch heute neue Knochenreste von Dinosauriern ausgegraben. Jedes Naturkundemuseum, das auf sich hält, besitzt riesige Skelette. Zeichnet selber weitere Varianten. Oder nehmt als Vorlage Plastikfiguren aus dem Spielzeugladen oder Abbildungen in Büchern.

Szenen aus dem Vogelleben

Unsere zwitschernden, trillernden, tirilierenden, trötenden oder krächzenden Freunde sind fast allgegenwärtig. Selbst mitten in der Großstadt können wir Amseln oder Spatzen hautnah beobachten. Manche einheimische und exotische Arten faszinieren durch skurriles bis exzentrisches Verhalten. Kinder bauen mit Begeisterung Details aus dem Vogelleben als Diorama nach. Die gefiederte Leichtigkeit lässt sich am besten in Papier und Stoff nachstellen. Mit Hingabe richten sie ihren Vögeln „gemütliche" Unterstände aus Gräsern ein und durchstöbern die Umgebung nach schmückendem blauen Beiwerk. Mit dem einfachen Faltschema sind standfeste Vögel schnell gemacht, Tonkugeln halten die Gräser gut in Position. Ein tolles sommerliches Event.

Amselnest mit türkisen Knetgummi-Eiern.

Tipps für Kids:

Der Seidenlaubenvogel *(Ptilonorhynchus violaceus)* lebt in Australien. Wie bei vielen Vogelarten sind die Männchen sehr schön (samtschwarz mit hellblauem Auge und gelblichem Schnabel), die Weibchen dagegen viel unscheinbarer (gräulich getarnt). Um das Weibchen zu beeindrucken, baut das Männchen kunstvolle Lauben und Spielnester mit geflochtenem Boden und einer Art Baldachin aus Gestrüpp. Blaue Teile findet es unwiderstehlich. Zur Zierde trägt es Funde aus der Umgebung wie Schneckenhäuser, Steinchen, Beeren, Früchte und Federn herbei und bematscht sogar die Graswände mit bläulichem Pflanzensaft. Unglaublich, aber wahr. Fotos und kleine Videos von diesem kuriosen Vogel findet ihr reichlich im Internet, z.B. bei www.youtube.com.

Material

- Wellpappe oder Pappe, etwa 40 x 50 cm
- Tonpapier A4, je ein Bogen schwarz und braun
- Reste von gelbem und hellblauem Tonpapier
- ein paar faustgroße Tonkugeln/Knetmasse
- Zweige, Gräser, Ästchen
- kleine blaue Gegenstände wie Muscheln, Schneckenhäuser, Papierschnipsel, Verpackungsreste
- Bürolocher

So wird's gemacht

➡ Nach dem Schema (siehe Anhang) zwei Vögel aus Tonpapier ausschneiden.
➡ Federkanten fransig schneiden.
➡ Berg- und Talfalten in der Reihenfolge wie im Schema angegeben falten.
➡ Körper in der unteren Hälfte senkrecht leicht rund biegen oder falten, damit er besser steht.
➡ Schnäbel und Klauen aus den gelben Papierresten schneiden und aufkleben.
➡ Klauen auf die nach vorne gefalteten Beinstücke kleben, Schnabelteil oben auf den Schnabel.
➡ Für die Augen blaues Tonpapier mit dem Locher ausstanzen.
➡ Schwarze Pupillen aufmalen und Augen ebenfalls aufkleben.

- Vögel aufstellen, Beinchen und Boden-Leiste an der Wellpappe festkleben.
- Rund um die Vögel Tonkugeln bergförmig auf die Wellpappe drücken.
- Gräser und Gestrüpp leicht schräg und zeltartig einstecken.
- Rundum und im Vordergrund blaue Gegenstände arrangieren und ankleben.
- Sollen die Dioramen länger ausgestellt werden, statt frischem Ton Knetmasse und statt frischer Gräser getrocknete verwenden.

Tipps

Die Idee ist auch zweidimensional als Relief umsetzbar. Wellpappe an die Wand hängen, Vögel mit der unteren Körperhälfte aufkleben, zu beiden Seiten Gräser anbringen, im Vordergrund blaue Gegenstände fixieren.

Wer es lieber einheimisch mag, bastelt nach dem gleichen Vogel-Schema z.B. Amseln (gelbe Augen) und setzt sie in ein Nest aus gewundenen Bast-Strängen.

Elstern (mit Deckweiß weiße Flecken auf die Flügel aufmalen) stiebitzen bekanntlich gern blinkende Gegenstände aus „Gold und Silber", die sie dann in ihrem Nest um sich scharen.

Schmückt auch schon mal mit fremden Federn: Farbenfrohes Spielnest des Seidenlaubenvogels.

Voll getarnt: Chamäleons und Echsen

Skurrile Reptilien sind im Denken der Kinder kaum verankert, weil sie in unseren Breiten selten solche Tiere zu Gesicht bekommen. Ein guter Einstieg sind schöne Eidechsen, die an sonnigen Tagen über Steine und Böschungen huschen. Exotische Chamäleons kennen die Kinder vielleicht aus dem Zoo. Der Reiz liegt darin, dass sie sich immer wieder farblich an ihren Hintergrund anpassen und ihre Augen einzeln wie Marionetten verdrehen können.

Aus zwei Papphälften entstehen fast dreidimensional wirkende Tiere. Durch einen Überzug aus einfachem Weißleim werden sie robuster. Gleichzeitig wirken sie durch die seidenglänzende Beschichtung viel „fertiger".

So wird's gemacht

- Umrisse des gewünschten Tieres auf beiden Kartonstücken markieren, einmal seitenverkehrt.
- Mit Schere oder Cutter ausschneiden. Kinder bitte nicht alleine schneiden lassen.
- Beide Außenseiten der Tierfiguren mit Wasserfarben bunt bemalen.
- Die getrockneten Flächen zusätzlich mit einzelnen markanten Farbtupfern betropfen. Damit helle Kleckse auf dunklem Untergrund deutlicher hervortreten, Farbe mit etwas Deckweiß vermischen.
- Mit Markierstift Augen und Pupillen aufmalen.
- Rückseiten der Figurteile ebenfalls im unteren Bereich bemalen, sonst wirken die Tiere später unfertig.

Tipps

Sie können übrigens alle festen, gut durchgetrockneten Papierflächen vorsichtig mit einer Schicht Weißleim (Holz- oder Papierleim) überziehen. Am besten einen breiten Flachpinsel verwenden. Dreidimensionale Objekte werden dadurch stabiler und optisch reizvoller.
Für schillernde Eidechsen eignen sich ausgezeichnet Glitterfarben (Bastelladen) in Smaragdgrün.

Material

- Pappreste oder Fotokarton, pro Tier je zwei Stücke, etwa 15 x 30 cm
- Wasserfarben
- Cutter
- wasserfester Markierstift
- Alleskleber
- Weißleim und breiter Flachpinsel

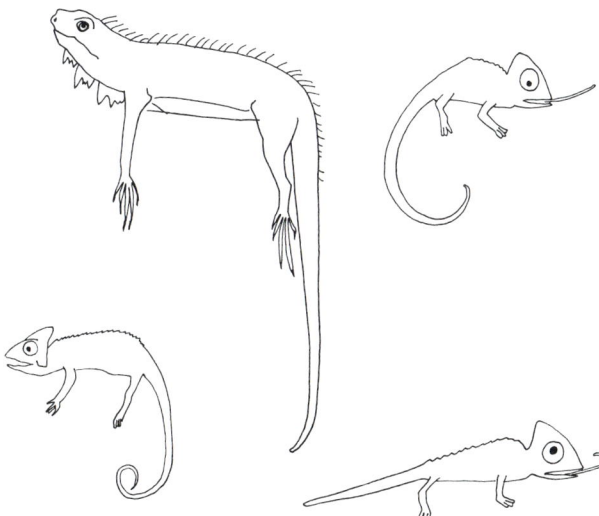

→ Vollkommen durchgetrocknete Farbflächen vorsichtig mit einer dünnen Schicht Weißleim bestreichen.
→ Trockene Teile in der oberen Hälfte zusammenkleben, untere Hälfte und Beinchen leicht nach außen biegen, damit die Tiere stehen können.

Tipps für Kids:

Chamäleons wohnen in Bäumen und Büschen. Sie fühlen sich in euren Zimmerpflanzen wohl. Wenn ihr wollt, könnt ihr auch einen trockenen Ast an der Wand oder am Fenster waagrecht aufhängen, auf dem sie klettern dürfen.

Schön getarnt: Vor der bunten Blumenwiese aus Glanzpapieren ist das Chamäleon kaum zu finden.

83

Kunst am Kind – Figurenkunst

Als speziellen Kick gestalten die Kinder sich auch mal selbst als Kunstfiguren. Einige Experimente kennen sie schon von der Einleitung. Verkleiden, tarnen, in eine fremde Identität schlüpfen ist seit jeher ein beliebtes Motto beim Spielen. Anfangs wurden Spiele vorgestellt, in denen bestimmte Posen und Haltungen eingenommen werden mussten. Jetzt gilt das Motto „Kleider machen Leute". Papier und Stoff sind billige, leicht verfügbare Mittel. Der Pappindianer ist so groß, dass man sich dahinter verstecken kann oder ihn als wandelnde Figur umherträgt.

Bodypainting

Eincremen, Badekleidung, ein paar dünne Flachpinsel, und schon geht es los: Theaterschminke gibt es in kleinen Tiegeln in vielen untereinander mischbaren Farben in Drogeriemärkten/Bastelläden. Mit ein paar Tropfen Wasser verrühren und herzhaft über den ganzen Körper malen. Meist werden bei Kinderfesten nur irgendwelche Tier- oder Fantasiefiguren nachgeahmt. Probieren Sie auch abstrakte Ornamente oder Tarn-Muster, die die Körperformen stark verfremden. Die Farben sind sehr ergiebig und mit Seife leicht wieder abzuwaschen. Bemalungen können auch Vorbild für Tonfiguren sein, wie bei den Masken auf Seite 40.

Mumien

Die Kinder wickeln sich mit einer Rolle Toilettenpapier gegenseitig komplett als altägyptische „Mumie" ein. Von Kopf bis Fuß sind sie verhüllt. Immer schön vorsichtig und gleichmäßig abrollen.

Barockkostüme

Üppige Verkleidungen, die nichts kosten: Zeitungsbogen knittern, reißen, zuschneiden, zu Faltenröcken legen, zu Hüten formen. Mit Paketklebeband, Sicherheitsnadeln an der Kleidung der Kinder befestigen. Luftschlangen und in Fransen geschnittene Papierbogen ergeben ausladende Frisuren. Ein Riesenspaß. Die Kinder schlüpfen in fremde Persönlichkeiten. Vor einer Lampe stehend, bestaunen sie ihre unglaublichen Schatten an der Wand.

*Grüne Rothaut:
Lebensgroßer Indianer
aus alten Pappkartons.*

Lebensgrosse Pappfiguren

Umrisse der Figur auf einer großen Kartonfläche skizzieren. Eventuell mehrere Kartonstücke mit Paketklebeband zusammenkleben. Mit dem Cutter ausschneiden. Kinder bitte nur unter Aufsicht arbeiten lassen. Mit weißer Wandfarbe oder Plakatfarbe grundieren, wild beklecksen, betupfen, farbige Flächen ergänzen.

Unten: Die fröhlichen Werbefiguren begegneten uns in Diessen am Ammersee auf dem Weg zum Töpfermarkt. Kleidungsstücke sind nach dem Vogelscheuchen-Prinzip mit Stroh oder Holzwolle ausgestopft.

Schöne Köpfe

Weiter geht die „Kunst am Kind" mit poppigen Accessoires. Der Kopf wird meist als wichtigster Körperteil empfunden und mit Bedeckungen aller Art schick ins Bild gerückt. Doch auch die Füße werden hier bedacht. Unsere üppigen Kreationen sind nicht für den Alltagsgebrauch gedacht, sondern als Kunstwerke.

Material

- Luftballons
- Topf
- Pappe
- Bürotacker
- Papierleim/Tapetenkleister für schwere Tapeten
- Flachpinsel
- bunte Papier- und Pappreste (Glanzprospekte, Tapeten, Geschenkpapier)
- interessante Stoffreste, Gaze, Tüll
- Beiwerk wie Federn, Fransen, Perlen, Glassteine
- Plastikreste (Recycling)
- eventuell Gipsbinden
- Glitterfarben

So wird's gemacht

▶ Luftballon aufblasen, bis er etwa den Umfang eines Kinderkopfes hat. In einen Topf stecken.
▶ Tapetenkleister nach Vorschrift anrühren, lieber etwas zu dick.
▶ Hut-Gerüst, z.B. Hutband und Krempe aus Pappe zuschneiden und in Stirnhöhe um den Luftballon kleben. Unstabile Verbindungsstellen zusätzlich tackern.
▶ Grundgerüst mit Papier, Stoff und Beiwerk beliebig umhüllen. Mehrere Lagen, damit die fertigen Konstruktionen stabil sind. Alle Teile mit reichlich Tapetenkleister/Papierleim einstreichen. Am besten geht es direkt mit den Händen oder einem sehr breiten Flachpinsel.
▶ Trocknen lassen und die Hut-Parade auf Luftballons präsentieren.

Marmorhand

Ein weiterer Clou sind zu Skulpturen umgearbeitete bunte Arbeitshandschuhe. Finger mit zerknüllten Servietten (damit die Hand nicht zu schwer wird) fest ausstopfen. Holzstab einpassen und Hand weiter mit fest geknülltem Papier ausfüllen, bis

Tipps für Kids:

Schaut euch mal in einer belebten Straße bei Passanten um und beobachtet extravagante Hut- und Schuhmoden an Köpfen und Füßen. Weltbekannt und berüchtigt sind die ausladenden Hutkreationen englischer Ladies bei Pferderennen. Kronen aller Art zieren Oberhäupter. Viele Regionen entwickelten ihre Spezialformen wie Baskenmütze, Sombrero, Schlägerkappe, Cowboyhut, Zylinder … Die Grenze zwischen spektakulär und lächerlich ist fließend. Auch zu ihrer Zeit ganz gebräuchliche historische Beispiele finden wir heute gewagt bis halsbrecherisch, z.B. spitze Schnabelschuhe, extrem dünne Pfennigabsätze, bullige Plateausohlen aus Hippiezeiten …

Kreativ lassen sich „Jordanlatschen" aus Pappe dekorieren. In Afrika heißen sie auch „sans confiance" („nicht vertrauenerweckend") und werden selbst von Ministern und Präsidenten getragen.
Spruch aus Costa Rica: Du hast mit deinen Latschen nach mir geworfen. Ich habe sie aufgegessen, weil ich dachte, es sind Steaks.

der Stab gut hält und die Hand ihr natürliches Volumen hat. Mit Marmorierfarbe nach Herstellerangaben marmorieren: wenig Farbflüssigkeit in eine Schüssel Wasser tropfen, die saubere, trockene Hand langsam drehend eintauchen. Für den Sockel Stab in eine große alte Tasse stellen, diese mit Gipsbrei füllen. Der Sockel muss etwas schwerer sein als die Hand, damit sie nicht umkippt.

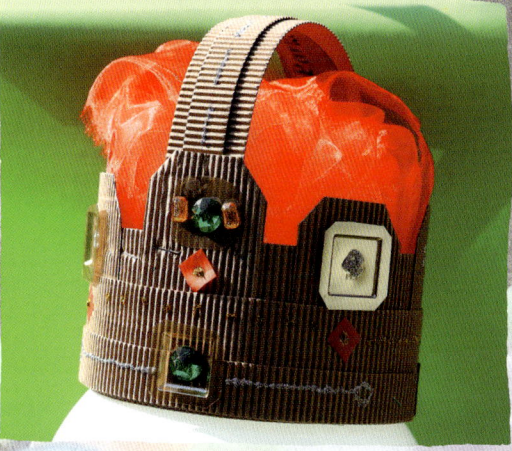

Keine Originale: Kopie der Reichskrone im Nürnberger Rathaus und Nachbau der Kinder in Wellpappe. Das Original befindet sich in der Schatzkammer der Wiener Hofburg.

Muttis Putzhandschuh wird zur Marmorskulptur.

87

Holz und Pflanzenmaterial

Wald-Kunst

Bereits ein früheres Kapitel hat uns ins Reich der Pflanzen geführt und wir haben diverse Erscheinungsformen modellierend nachgebildet. Jetzt werden Holz, Äste, Früchte, Pflanzenteile selber zum Material. Pflanzliche Werkstoffe sind vergänglicher als Stein oder Metall, dafür aber auch leichter zu bearbeiten. Der Zufall spielt beim Gestalten mit vorgefundenen Strukturen eine große Rolle.

Waldfiguren

Schwemmholz, Fundholz, skurril geformte Äste und Baumstämme, Brettchen und Rindenstücke werden zu einer kleinen Ausstellung arrangiert. Ausgewählte Zweige regen mit ihren skurrilen Formen die Fantasie an. Mit sparsamen Ergänzungen aus

Holzwege: Zweige, Äste, Rinde, Flechten, gemaserte Holzstücke, bizarre Wurzeln, Früchte, Zapfen, Nüsse, Blattformen… Die Natur liefert Bausteine, die mit wenigen künstlichen Zutaten zu lebhaften Figuren werden.

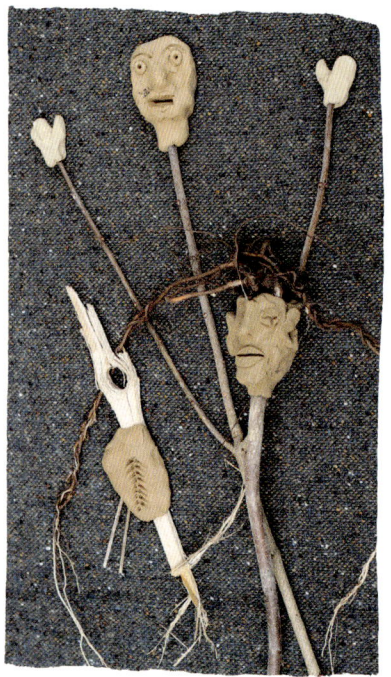

Ton oder Knetgummi werden sie als fantasievolle Waldwesen ganz lebendig. Faustgroße frische Tonklumpen in die Äste einpassen, gut festdrücken und mit Fingern und Modellierwerkzeugen zu Köpfen, Händen und sonstigen Details verformen. Einfach trocknen lassen. Die improvisierten Gestalten werden kurzzeitig zu Spielfiguren im Garten, schauen über den Zaun oder bewachen den Blumentopf.

Buschgeister

Der kleine Strauch steht gelangweilt im Garten herum und niemand weiß, dass er eigentlich bewohnt ist. Die Kinder erwecken den innewohnenden Geist zum Leben. Luftballon-Kopf und Hände aus aufgeblasenen und zugeknoteten Latexhandschuhen werden mit Draht/Gummiband an Bambusstangen befestigt hineingesteckt. Je nach Geschmack erhält der Geist noch Schal, Kappe, Hut und weitere Bekleidung.

Tipp

Buschgeister wohnen übrigens auch im öffentlichen Raum. Sie eignen sich hervorragend, um ein bisschen Witz in Parks oder Anlagen zu bringen oder auf Dinge aufmerksam zu machen. Ihre Hand weist z.B. auf ein interessantes Beet oder eine tolle Spielstelle hin. Ein typisches Beispiel von Spontan-Kunst.

Schnell verzaubert: Mit wenigen Handgriffen und improvisierten Zutaten ist aus dem kompakten Busch die elegante Lady Konifera geworden.

Traumvögel

Schnitzen, sägen, feilen, schmirgeln: Kleine einfache Tierformen bringen auf den folgenden Seiten die ersten Schritte bei der Holzbearbeitung nahe. Zunächst werden naturbelassene Äste mit wenigen Handgriffen geformt und mit reichhaltigem Beiwerk geschmückt. Jüngere Kinder sollten nur unter Aufsicht werken. Am besten bekommen sie die Aststücke grob vorgesägt und führen nur noch die Feinheiten aus. Die fantasievollen Aufhänger machen sich gut als Fensterschmuck. Mit kleinen Glöckchen oder Klangstäben aus dem Bastelladen klimpern oder klingen sie bei jedem Luftzug.

Material

- Astabschnitte von frischem Weichholz, Durchmesser 1,5-2,5 cm, Länge 10-12 cm
- Säge/Astschere
- Taschenmesser
- Feilen
- Bohrmaschine mit Holzbohrer
- Markierstift
- Schnur oder Lederkordel, 1 m lang
- kleine auffädelbare Dekoteile wie Holz- und Glasperlen, Holzstücke, Filzperlen, Glöckchen, Miniatur-Klangstäbe (Bastelladen)
- bunte Federn
- Alleskleber
- für die Vogelsilhouetten dünnes Sperrholz, 3-5 mm dick

So wird's gemacht

➡ Ast wie auf der Skizze mit Astschere oder Säge grob in Form bringen. Beide Enden sind abgeschrägt.
➡ Vom Rücken zum Bauch hin in der Mitte ein Loch zum Durchfädeln

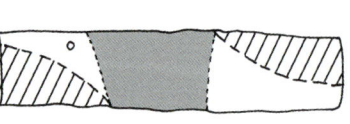

Formen heimischer Singvögel sind ein weiteres einfaches Holzprojekt. Dünnes Sperrholz können Kinder schon selber sägen. Hier stand die Amsel aus dem Garten Modell.

der Kordel bohren. Holzteil dazu am besten mit Schraubstock oder Schraubzwinge halten.
- Weitere kleine Vertiefung für die Federn am Kopf bzw. Schwanzende bohren, etwa 5 mm tief.
- Rinde im Kopf- und Schwanzbereich mit dem Taschenmesser wie auf der Skizze entfernen.
- Kanten und Form mit Feile nacharbeiten und glätten.
- Augen aufmalen.
- Federn mit Kiel in die Vertiefungen kleben.
- Perlen, Glocke und sonstige Dekoteile zusammen mit dem Vogel probehalber ansprechend arrangieren.
- Alle Teile nacheinander auf die Kordel fädeln und jeweils oben und unten einen Knoten machen, damit sie nicht verrutschen können. Zwischen den einzelnen Teilen etwas Zwischenraum lassen.

Wilde und zivilisierte Holztiere: Im Unterholz des Kiefernwaldes begegneten wir vielfüßigen Tieren einer noch unbekannten Art …

Rosa, das Nilpferd: Stifthalter

Das rosa Nilpferd ist eigentlich ganz brav und vor allem praktisch. In seinem Maul hält es kleine Notizzettel bereit, in seinem Rücken stecken übersichtlich Stifte und Schreibkram. Der Körper aus Holzresten wird am besten von einem Erwachsenen grob vorgesägt und gebohrt. Jüngere Kinder sind dann mit Schleifen, Feilen und Bemalen vollauf beschäftigt.

So wird's gemacht

- Umrisse des Tieres auf dem Brett markieren. Schablone für das Nilpferd siehe Anhang, Seite 116.
- Grob aussägen. Am besten geht es mit der Stichsäge. Die kleinen Rundungen an Ohren, Beinen und Maul gelingen besser, wenn sie mit dem Bohrer vorgebohrt werden.
- Mehrere Löcher senkrecht in den Rücken bohren, etwa 3 cm tief.
- Alle Kanten und Flächen mit Feilen und Schmirgelpapier bearbeiten, bis sie glatt sind. Dies ist eine eher meditative Aufgabe.
- Gesamte Oberfläche durchscheinend bemalen, so dass die Holzmaserung noch sichtbar bleibt.
- Nach Belieben mit einer schützenden Lasur überziehen. Für die Funktion ist das allerdings nicht notwendig.

Tipps für Kids:

Nach demselben Prinzip und mit ähnlichen Tierformen könnt ihr auch Tontiere als Stifthalter konstruieren. Mit einem unlackierten Bleistift Löcher in den Rücken bohren und leicht erweitern, damit sie beim Brennen nicht zu eng werden.

Material

- Holzbrettchen (Reste), etwa 20 × 30 cm, 2,5 cm stark
- Hand- oder Stichsäge
- Holzraspel, Feilen
- Bohrmaschine, Holzbohrer 8 mm
- grobes und feines Schmirgelpapier
- Wasserfarben
- eventuell transparenter Holzlack/umweltverträgliche Lasur/leuchtkräftige Holzbeizen

Rosa dagegen ist ein wohlerzogenes Schreibtischtier. Im Maul hält sie brav Notizzettel und sorgt insgesamt für Ordnung.

Einfache Tierformen aus Holzresten.

„Kakteen"- Sammlung

Verblüffende Attrappen sukkulenter Pflanzen sind eine spektakuläre Aktion für Sommerfeste und ähnliche Events. Das Material für das Stillleben liefert die Natur direkt selber, weitere Bearbeitung ist nicht nötig. Eine Pflanzenart verkleidet sich hier als eine andere. Beim Umgang mit Obst- und Gemüseteilen erfahren die Kinder, wie abwechslungsreich sich deren Farben, Strukturen und Oberflächen präsentieren, wie unterschiedlich sie sich anfühlen. Das Arrangement lebt von satten Grüntönen und schönen Kontrasten.

Tipp

Zum Wegwerfen sind die Zutaten zu schade. Sie halten mehrere Tage. Im Anschluss an die Aktion werden Gemüse und Früchte gewaschen und als Gemüsesuppe oder Salatplatte verspeist.

Material

- mehrere farblich aufeinander abgestimmte kleine Blumentöpfe und Schalen (Vorhandenes aus dem Haushalt)
- Tonscherben
- feuchter Sand/Vogelsand
- Früchte und Gemüseteile: Zucchini, Aubergine, Schlangengurke, Kiwano, Avocado, Kiwi, Limone, grüne Bohnen, Kartoffel etc.
- eventuell Gewürznelken
- saubere Zahnstocher und Holzspießchen
- frische Blüten (Zucchini, Gartenblumen)/Trockenblumen (Strohblumen, Katzenpfötchen)

Tipps für Kids:

Die Natur verpackt ihre Früchte in geniale Umhüllungen, um sie vor gefräßigen Tieren und Insekten, Austrocknen und Beschädigungen zu schützen. Kakteen und sukkulente Pflanzen haben besonders interessante Tricks. Manche besitzen eine extrem dicke, feste Haut, andere silbrig reflektierende Oberflächen oder einen „Pelz". Viele einheimische Gemüse sind auf ähnliche Weise geschützt. Vergleicht die Farben, Strukturen und Oberflächen. Wenn ihr wollt, könnt ihr wie im Botanischen Garten kleine Pflanzenschilder mit Fantasienamen malen und mit in die Töpfe stecken. Ein Blickfang ist auch ein einzelner Terrakottatopf, den ihr mit Wasser- oder Plakatfarben mexikanisch bunt anmalt und mit einer ganzen Kakteensammlung „bepflanzt".

So wird's gemacht

➡ Gefäße zu drei Viertel mit feuchtem Sand füllen. Abflussloch der Blumentöpfe vorher mit Scherbe schließen, damit kein Sand ausrieselt.
➡ Gemüse und Früchte standsicher in den Sand stecken.
➡ Details ergänzen. Beispielsweise Zucchiniblüte mit Spießchen feststecken, Gewürznelken als Stacheln.

Varianten

Größere Ansammlungen von „künstlichen" Pflanzen in Töpfen sind immer ein reizvolles Projekt für Kindergruppen. Dickfleischige Arten können gut in Ton, Knetgummi oder Salzteig nachgebildet und bunt bemalt werden. Blätterreiche Blumen und Zweige entstehen aus Krepp- und Tonpapier.

Spielereien mit Metall

Zeitungskern.

Metallgestaltung gehört zu den aufwändigsten Handwerken. Rares Vorkommen, schwierige und energieaufwändige Gewinnung und hochspezialisierte Verarbeitungstechniken machen Metallobjekte teuer und wertvoll. Gießen, Nieten, Schweißen, Hämmern, Treiben, Schmieden sind die gebräuchlichsten Bearbeitungsmöglichkeiten. Erste Annäherungsversuche der Kinder sind dennoch gut mit einfacheren Mitteln zu bewerkstelligen. Kupfer- und Weißblech wie Konservendosen lassen sich schneiden, knicken, mit Nägeln durchlöchern, zu Rittern in Rüstung und ratternden Marionetten verbinden und bemalen. Drähte werden zu zwei- und dreidimensionalen Figuren. Alufolie und Stahlwolle eignen sich zum Umhüllen anderer Werkstoffe.

Oberfläche rundum beklopfen, damit sie schön gleichmäßig wird.

Materialmix: Tonköpfe

- Feste faustgroße Kugel aus Zeitungspapier zurechtdrücken.
- 1 cm dick mit weichem Ton umkleiden, rundum glatt klopfen und etwas anziehen lassen, bis die Hülle relativ fest wirkt.
- Details für Gesicht, Geldschlitz und verstärkte Buckel zum Einstecken der Metallteile angarnieren.
- Kleine Münzen/Nägel in die verstärkten Wandpartien stecken.

Sängerknaben oder Punks? Die frechen Hohlköpfe sind als Spardosen ein gelungenes Beispiel für Materialmix. Die Details sind mit Unterglasurfarben aufgetragen.

- Köpfe lederhart trocknen lassen, Geldschlitz vorsichtig mit einem spitzen Töpfermesser aufschneiden und erweitern.
- Soll die Spardose zu öffnen sein, zusätzlich am Boden ein rundes Loch einschneiden, in das später ein flacher Korkstöpsel passt.
- Trocknen lassen, brennen und glasieren wie gewohnt.

Kachina-Spardose

- Die Figur auf dem rechten Foto besteht aus zwei aufeinander geklebten Blechdosen (Keksdose plus Teedose).
- Geldschlitze mit Hammer und einem kleinen Meißel vorsichtig in die Wand stanzen. Innen dabei mit einem Holzklotz gegenstützen. Scharfe Kanten leicht nach innen biegen. Am besten hilft ein Erwachsener.
- Oberfläche mit Spiritus reinigen, mit Acryllack einfarbig grundieren.
- Gesicht und Dekor mit Bleistift skizzieren, auftragen. Acryllack mit dünnem Pinsel oder Lackmalstifte. Zwischen den einzelnen Farbdurchgängen immer trocknen lassen.
- Details aus Draht, Federn, Stahlwolle etc. ankleben.

Tipp

Nicht immer vertragen sich Ton und Metall. Teile, die sich beim Trocknen und Brennen unterschiedlich verhalten, d.h. die mehr/weniger schwinden oder sich dehnen, können Risse verursachen. Reine Eisenstückchen und Kupfermünzen haben sich einigermaßen bewährt. Bitte nur sehr kleine Metallteile einbauen. Wer ganz sicher gehen möchte, setzt speziellen Kanthaldraht (Töpferbedarf) ein, der in seinen Eigenschaften genau auf den Ton abgestimmt ist.

Noch eine schaurig-schöne scheppernde Spardose im Stil von indianischen Kachina-Figuren. Was sie einmal gefressen hat, gibt sie bestimmt so schnell nicht wieder her ...

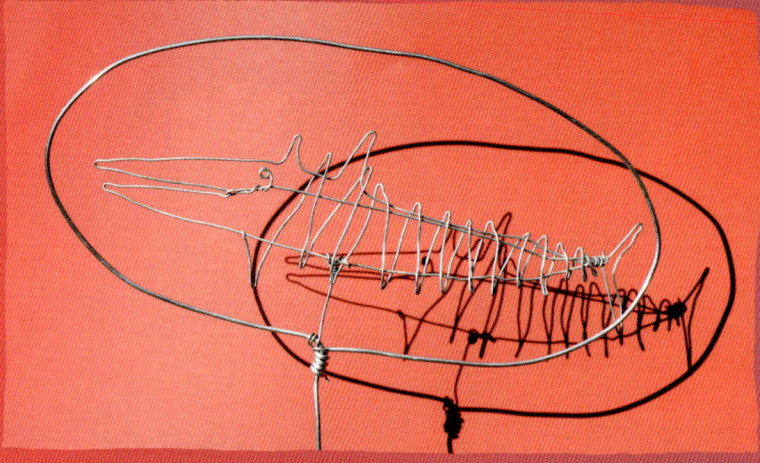
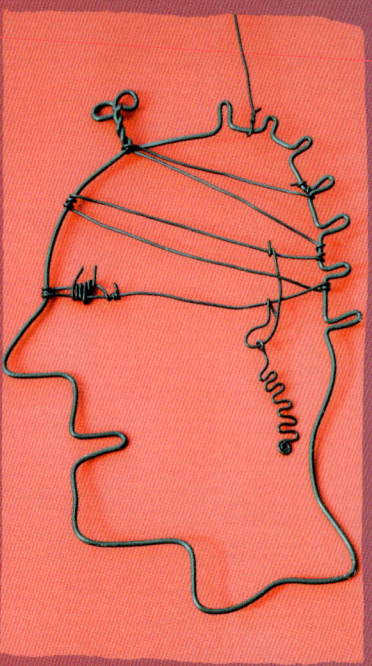

Fisch-Stecker aus Aludraht: Die verschlungenen Drahtgebilde bleiben dreidimensional oder werden flach geklopft. Ähnlich der Kopf aus beschichtetem Eisendraht.

Gips und Draht: Menschen im Wind

Einfacher beschichteter Gartendraht in verschiedenen Stärken lässt sich leicht biegen, verdrillen und verhaken. Silberglänzender Aludraht aus dem Bastelladen ist erheblich teurer, dafür aber für jüngere Kinder noch leichter zu handhaben.

Gipsbinden bestehen aus grobmaschigem Gewebe mit Beschichtung. In Wasser getaucht werden sie weich. Eigentlich sind sie zum Abformen von Gesichtern und Gegenständen gedacht. Wir haben sie als Bekleidung für Drahtfiguren zweckentfremdet. Die leichten, schlaksigen Gestalten sind schnell improvisiert und wirken wie lebhafte, bewegte Momentaufnahmen. Nach ein bis zwei Tagen ist der Gips völlig durchgetrocknet und die Figuren sind erheblich stabiler, als die filigranen Strukturen erwarten lassen.

Tipps für Kids:

Selbstverständlich könnt ihr eure fertigen Gipsgestalten noch mit Wasserfarben bemalen. Der Reiz liegt aber gerade in der Schemenhaftigkeit. Die Bekleidung mit ihrem Faltenwurf wirkt so echt, dass sie sich hervorragend für tatsächlich weiß gekleidete Figuren mit wehenden Gewändern eignet: Judosportler, alte Römer, Spaziergänger im Wind.

Material
- Gipsbinden (Fachhandel für Künstlerbedarf), je nach Größe der Figuren eventuell vor dem Einweichen der Länge nach teilen
- Eisen- oder Aludraht, Stärke 1-2 mm
- Drahtzange
- Schüssel mit Wasser

Tipp
Ähnliche Wirkung erzielt man mit Drahtfiguren, die statt mit Gipsbinden mit in Tapetenkleister getauchten Stoffbändern gestaltet werden.

So wird's gemacht

➡ Aus Drahtstücken standfeste schlichte Figuren von Menschen oder Tieren formen, möglichst in einem Stück.

➡ Mit der Drahtzange Stücke in verschiedenen Längen vorschneiden und mit Händen oder Werkzeugen in Form bringen. Scharfe Knickstellen und enge Schlingen mit der Zange eindrücken. Verbindungsstellen verdrillen.

➡ Hände und Füße als Schlingen formen, Körper und Gliedmaßen aus doppeltem Draht.

➡ Gipsbinden in handliche Stücke schneiden und in Wasser tauchen.

➡ Als Kleidung um die Drahtskelette legen und in die gewünschten Falten drapieren. Die Binden können ruhig zwei- bis dreifach übereinander liegen. Sie binden nicht so schnell ab wie gewöhnlicher Gipsbrei und können in aller Ruhe verarbeitet werden.

➡ Figuren gut durchtrocknen lassen.

Das Röhren im Walde: „Stahl"-Hirsche

Die Aktion ist nicht ganz so gigantisch wie unsere Überschrift. Die ungewohnte Technik erlaubt Formate von ganz klein bis mittelgroß. Ein Kern aus weicher Stahlwolle wird mit dünnem Draht umwickelt und in Form gebracht. Am besten eignet sich biegsamer Kupferdraht. Als Motiv haben wir den einheimischen Wald mit entsprechendem Wild gewählt. Ideal sind relativ einfache, überschaubare Tierformen ohne komplizierte Details. Die Konstruktion sollte sich aufs Wesentliche konzentrieren.

Bitte beachten: Die Idee eignet sich eher für Kinder ab dem Grundschulalter. Mit der Stahlwolle vorsichtig hantieren, damit sich keine Fasern lösen. Bei Bedenken lieber eine einfache Staubschutzmaske tragen. Während der Arbeit nicht essen und trinken und anschließend Hände gründlich waschen.

Varianten

Jüngere können nach gleichem Prinzip einfachere Tierformen mit Draht umwickeln. Statt Stahlwolle verwenden sie vollkommen unkritische Materialien als Kern, zum Beispiel Moos, Filzwolle oder Watte.

Material
- feine Stahlwolle (grobe bröselt zu stark!)
- dünner Kupferdraht 0,1–0,2 mm
- Kupferdraht 0,6–0,8 mm
- Drahtschere/alte Haushaltsschere

Zufallsfund aus Onkel Dieters Bastelkiste: Der Kabelbaum aus einem alten Radio wird unverhofft zum Drachenkopf.

So wird's gemacht

- Einen Strang Stahlwolle vorsichtig aus der Packung ziehen oder abschneiden.
- Grob in die gewünschte Tierform ziehen und zupfen. Möglichst in einem Stück lassen. Der Rohbau ist viel aufgebauschter als die endgültige Form. Körper und Beine werden beim Wickeln dünner. Schwerpunkt der Figur im hinteren Bereich lassen, sonst kippen die Tiere mit dem schweren Geweih später nach vorn.
- Den dünnen Kupferdraht mehrfach vorn um den Kopf schlingen und Ende verdrillen.
- Von dort weiterführend spiralförmig um den ganzen Körper wickeln, mittelfest anziehen, gerade oder kreuz und quer.
- „Unterwegs" nacheinander auch die Beine hinunter und wieder hoch wickeln, so dass die ganze Form wie aus einem Guss entsteht. Die Formgebung ist unkritisch, da Feinheiten nachträglich nachgearbeitet werden können.
- Nach Bedarf mehrere Durchgänge wickeln, bis die Form gefällt und fest genug ist.
- Für das Geweih mehrere Stücke in unterschiedlichen Längen aus dem dickeren Kupferdraht zurechtschneiden.
- Die Drahtstücke leicht zueinander versetzt und vorsichtig bohrend durch den Schädelteil stecken, so dass sie an beiden Seiten gleich lang herausragen.
- Geweih vorsichtig verdrillen. Im unteren Bereich an beiden Seiten zuerst den gesamten Strang, dann nach oben hin immer zwei oder drei Enden. Es entsteht eine realistische Verästelung.
- Geweihenden nach außen biegen und gesamte Form noch mal zurecht biegen.

Feuerskulptur

Das Spiel mit dem Feuer zieht viele Menschen magisch an. Eine etwas gewagtere Aktion mit starkem Erlebniswert lässt dem Zufall breiten Spielraum. Konstruiert werden fantasievolle Konglomerate aus teilweise feuerfesten, teilweise verbrennenden Materialien. Die Ergebnisse fallen meist eher abstrakt aus. Feuer und Abkühlung wirken stark auf die Gestaltung ein und ergeben ungewohnte Umwandlungen. Am besten als zusätzliche Aktivität für einen Tag am Lagerfeuer vorsehen.

Bitte beachten: Nur ungiftige Werkstoffe mit voraussagbarem Verhalten einsetzen, keinesfalls Plastik, lackiertes Holz oder andere umweltbelastende Teile. Keine Objekte, die möglicherweise explodieren könnten, wie Glasflaschen! Aktion nur im großzügigen Freigelände durchführen, alle üblichen Sicherheitsvorkehrungen für Lagerfeuer beachten und ständig für Aufsicht sorgen.

So wird's gemacht

- Mit den bereitgestellten Materialien und Werkzeugen fantasievolle Konglomerate konstruieren. Es gibt keine Regeln, Hauptsache die Gestalten wirken einigermaßen kompakt und robust.
- Mehrere Werkstoffe kombinieren. Gut entwickeln sich z.B. meist fußballgroße skurrile Drahtgerüste. Mit feuchten Stofffetzen und Papier umwickeln und anschließend dick mit Ton und Lehm einschmieren. In die Wände können Löcher und Fremdkörper eingearbeitet werden.
- Rohbau-Teile trocknen lassen.
- In ein Bett aus Zeitungspapier und Sägemehl an der Stelle für das Lagerfeuer einbetten.

Auf der rechten Seite eine Skulptur aus dem Lagerfeuer – vor und nach dem Brand.

Ton und Metall sind gleichermaßen vom Feuer geprägt und harmonieren bei den „Spardosen" ausgezeichnet. Wie die kleinen Münzen, Drahtstücke und Nägel beim Töpfern eingebaut werden, ist auf Seite 96 zu sehen. Beim Brand im Elektroofen oxidieren sie stark.

Material

- Draht, Eisengitter, Hühnerdraht (unbeschichtet)
- Blechreste, Blechdosen (unlackiert)
- Lehm/Tonreste
- große Papierbögen/ Zeitungspapier
- Stoffreste (Baumwolle etc., kein Synthetik)
- Holzreste (unbehandelt)
- Säge, Zange, Drahtschere
- Lagerfeuer
- Wassereimer

▶ Feuer wie gewohnt mit weiterem Papier und Holzscheiten entzünden und brennen lassen. Wenn die Teile erst nachträglich in die Flammen gelegt werden, zerplatzen sie viel leichter.
▶ Inzwischen grillen, spielen, Veränderungen beobachten, Flammen abbrennen lassen, Glut im Auge behalten.
▶ Aus der abgekühlten Asche kommt schließlich ein in Farben, Form und Beschaffenheit überraschends Kunstwerk zum Vorschein. Manches ist auch einfach zerbröselt, was aber der Spannung keinen Abbruch tut.
▶ Geheimnisvolle Deutungen überlegen.

Tipp

Ähnlich spannende Zufallsprodukte entstehen auch ohne Einsatz von Feuer. Konglomerate in größerem Format aus Draht, Ästen, Stoff und weiteren Materialien kreieren, mit viel Ton oder Lehm festigen, mit glitzerndem Beiwerk wie alten Besteckteilen und Kugeln aus Alufolie (Recycling) dekorieren. Ungebrannt im Freien aufstellen. Wind und Wetter verändern sie im Lauf der Zeit.

Nicht für die Ewigkeit: Recycling

Blumenwiese

Es gibt kaum eine schönere Art, unbrauchbares Abfallmaterial in ansprechende Objekte zu verwandeln. Aus der leider ständig wachsenden Masse doppelter und dreifacher Verpackungen können wir so richtig aus dem Vollen schöpfen. Nebenbei lernen die Kinder verschiedene Sorten Altstoffe und Plastik unterscheiden und sachgerecht entsorgen und nehmen Abfallberge bewusst wahr.

Eine genaue Schritt-für-Schritt-Anleitung ist nicht notwendig. Lassen Sie sich vom Vorhandenen inspirieren. Der Reiz liegt in den filigranen, zarten Gebilden, die ihre Herkunft kaum noch erahnen lassen. Beim Werken werden auch die positiven Eigenschaften von Plastik deutlich: einfach zu schneiden und zu bearbeiten, biegsam, knickbar, stabil, dabei gleichzeitig leicht und bunt, manchmal durchsichtig.

Material

- saubere Verpackungen/Abfall: Joghurtbecher, Plastikfolien, Flaschendeckel, Klarsichthüllen, Trinkhalme
- Klebeband, buntes Isolierband, Gummibänder, dünner Draht
- Alleskleber
- Papierservietten
- Lederlochzange/Bürolocher
- Stricknadel und Kerze
- dünne grüne Blumenstäbe/ Bambusstangen
- Knetgummi

Tipps für Kids:

Ähnlich flippige Fantasieblumen könnt ihr auch aus Stoffresten oder buntem Altpapier (alte Kataloge, Broschüren, Zeitschriften, Verpackungen) basteln. Alle Materialien sind untereinander kombinierbar. Probiert mal fleischfressende Pflanzenarten.

So wird's gemacht

- Pro Blüte mehrere Elemente für Blütenblätter und -kelche vorbereiten, z.B.:
- Joghurtbecher in der oberen Hälfte zu großen Zacken oder Wellenlinien zuschneiden und entstandene „Blütenblätter" nach außen biegen. Mehrere Elemente in unterschiedlichen Höhen.
- Dosendeckel/Papierservietten als grüne Blattrosetten zuschneiden.
- Staubgefäße, Blütenstempel etc. aus dünnen Plastikstreifen oder Draht plus Knetgummikugeln formen.
- Noppenfolie oder sonstige zerknüllte Folie mit Klebeband zu faustgroßen Kugeln kleben und für das Innere von Korbblütlern verwenden.
- Details ergänzen: z.B. Knetgummikugeln oder Perlen als Noppen, Isolierband für Streifenmuster, Perforationen (siehe Tipp).
- Alle Elemente in der Bodenmitte vorsichtig mit der Nadel durchlöchern. Loch erweitern, bis der Stab für den Stiel durchpasst.
- Mehrere Blütenelemente mit unterschiedlichem Durchmesser und abgestuften Höhen probehalber ineinander stecken, so dass ansprechende, abwechslungsreiche Blüten entstehen. Blattrosette zuunterst.
- Wenn die Konstruktion gefällt, mit etwas Klebstoff fixieren.
- Stab durch die Mitte stecken. Oben und unten festkleben oder mit Isolierband befestigen.
- Blüteninneres eventuell mit Folienkugeln oder fransigen Staubgefäßen auffüllen.
- Nach Belieben aus grüner Folie Blätter schneiden und an den Stiel kleben.

Tipp

Perforierte und durchlöcherte Flächen machen die Blüten noch interessanter. Löcher lassen sich mit der Lederzange stanzen oder mit einer an einer Kerzenflamme glühend gemachten Stricknadelspitze durchstechen. Kinder dabei bitte nicht ohne Aufsicht hantieren lassen.

Die blauen Zwillinge treten immer gemeinsam auf. Der Champagner-Mann ist sogar mit einem Büschel Mauerpfeffer begrünt.

Unglaubliche Leuchtkraft: Fenster aus Buntglas.

FLASCHENGEISTER

In vielen Gärten stehen blinkende Glaskugeln. Ursprünglich sollten sie gefräßige, neugierige Vögel von frisch ausgesäten Flächen und jungen Pflänzchen abschrecken. Wir haben die Idee dekorativ mit alten Glasflaschen abgewandelt. Je mehr Farben und Formen nebeneinander stehen, desto lustiger. Die Bemalung hält nicht dauerhaft, kann aber notfalls schnell erneuert werden. Farbiges Glas leuchtet im Sonnenlicht wunderschön. Blaue und sonstige Flaschen in ungewöhnlichen Farben und Formen eignen sich am besten. Wer keinen Garten hat, stellt die Köpfe im Blumenfenster auf. Einfach mit dem Flaschenhals in die Topferde stecken.

TIPP

Zum Bemalen von Glas sind alle möglichen Produkte erhältlich. Die klassischen, sehr leuchtkräftigen Glasmalfarben müssen mit dem Pinsel aufgemalt werden und laufen von schrägen Flächen leicht ab. Window Color dagegen wird in dickflüssiger Konsistenz direkt aus dem Fläschchen aufgebracht, sowohl flächig wie auch in Linien. Weiter umfasst die Auswahl mittlerweile Multifunktions-Malstifte, Fasermaler, Glitter-Gel, die auf vielen Untergründen halten. Alle sind kombinierbar. Einigermaßen wetterfest im Freien sind allerdings nur genau nach Anweisung aufgetragene Glasmalfarben. Die dekorativen Flaschengeister am besten an einer regengeschützten Stelle platzieren.

TIPPS FÜR KIDS:

Statt bunter Menschenköpfe könnt ihr die Flaschen genauso als bunte Einzeller oder Tiergesichter bemalen.

Bunt, schnell, kurzweilig: Fröhliche Hohlköpfe bevölkern das sommerliche Gemüsebeet.

So wird's gemacht

→ Flaschen mit Spülmittel/Spiritus fettfrei reinigen, Oberfläche nicht mehr mit den Fingern berühren.

→ Auf leicht geknülltem Zeitungspapier stabil lagern.

→ Gesichter und Muster malen. Kräftige Farbschichten auftragen, denn sie werden beim Trocknen dünner und blasser. Bei mehreren aneinanderstoßenden Flächen jede Farbe zwischendurch trocknen lassen.

→ Flaschen vorn und hinten in zwei getrennten Durchgängen bemalen, zwischendurch trocknen lassen.

→ Flaschen auf die Stangen stecken und im Garten platzieren.

→ Nach Belieben zusätzlich mit buntem Bast und Metallresten schmücken, damit es schön glitzert und funkelt.

Material

- saubere Glasflaschen, am besten abgeflachte Modelle wie Bocksbeutel
- Spülmittel/Spiritus
- Farben (siehe Tipp), für dunkle Flaschen nur deckende Töne
- Holz- oder Bambusstangen, passend für die Flaschenhälse
- Dekomaterial wie Bast und Geschenkbänder

Umgarnt und umschlungen: Textilprojekte

Fresstour: Raupen unterwegs

Wer sagt, dass Raupen eklig sind? Wenn man genauer hinsieht, überraschen sie mit extravaganten Farben, knalligen Musterungen und skurrilen Stachelpelzen. Aus Raupen entwickeln sich Falter und Schmetterlinge. Das Wunder der Metamorphose ist immer wieder faszinierend.

Ausrangierte Textilien ergeben reichlich Material für schnelle Bastelprojekte. Im Haushalt fallen alte Pullover, kaputte Wollstrümpfe, Stoffreste und Handtücher an. Verblüffend einfach entstehen daraus fantasievolle Raupen im Mega-Format. Je bunter, desto besser. Die größten Exemplare sind sogar als Nackenrolle geeignet. Auch die Füllung besteht aus Altmaterial.

Material

- alte Wollstrümpfe, Ärmel von ausrangierten Pullovern, Frotteetücher, Stoffreste u.Ä.
- Reste von grob gewebten Stoffen
- Wollreste, fransige Effektwolle, bunte Kordel
- runde Filzscheiben für die Augen, gerade oder mit der Zackenschere geschnitten
- Perlen/kleine Kugeln aus Knetgummi
- Stopfmaterial wie zerknülltes Zeitungspapier, Lumpen, Noppenfolie, alte Plastiktüten
- Gummiringe
- Cocktailspießchen

Tipps für Kids:

Raupen sind sehr gefräßig und bevorzugen meist eine einzige Pflanzenart wie z.B. Brennnesseln als Nahrung. Wenn ihr in Ruhe Raupen beobachten möchtet, legt zwei oder drei Raupen, die ihr auf Brennnesseln gefunden habt, mit ein paar Stöckchen und Brennnesselblättern in eine Holzkiste. Deckt sie luftig mit Fliegendraht ab, stellt sie kühl und dunkel. Brennnesseln müsst ihr in einem Glas Wasser immer wieder nachfüllen. Wenn ihr Glück habt, verpuppen sich die Raupen bald und schließlich schlüpfen Schmetterlinge aus.

Eigentlich nie satt: Raupen unterwegs.

So wird's gemacht

- Groben Stoff zu fingerbreiten langen ausgefransten Streifen zerreißen.
- Strumpf auf links drehen, Zehenende abschneiden, Öffnung mit Gummiband fest umwickeln.
- Strumpf wenden und locker mit Stopfmaterial füllen.
- Hinteres Ende ebenfalls mit festem Gummiband oder einigen Nadelstichen schließen.
- Körper beliebig gestalten. Z.B. der Länge nach mit ausgefransten Stoffstreifen belegen, provisorisch mit Gummibändern oder Sicherheitsnadeln fixieren. Diese später beim Umwickeln wieder entfernen.
- Körper samt Stoffstreifen spiralförmig mit Wolle/Kordel umwickeln, Enden verknoten. Relativ fest ziehen, damit sich deutlich eingeschnürte Segmente am Raupenkörper bilden.
- Filzscheiben und Kugeln für die Augen aufkleben oder annähen.
- Zusätzliche Accessoires anbringen: z.B. Filzwolle für Kopf, Tante Emmas modische Perlenkette für Glamour-Effekt, Cocktailspießchen als gefährlicher Stachelpelz.
- Alternativ dazu: Statt Strümpfen Handtuch/Stoffrest im Ganzen zu einem Wulst aufrollen. Kante liegt unten. Beide Enden eventuell mit ein paar Stichen zunähen. Weitere Schritte wie oben.

Raupenspiel

Füllt zwei gleich große Schüsseln mit frisch gewaschenen und angemachten Kopfsalatblättern. Zwei Mannschaften versuchen um die Wette je eine Schüssel möglichst schnell leer zu essen...
Lecker, lecker und gesund.

Zwergenschar

Fabelwesen aller Dimensionen bevölkern die Fantasie. Als reale Stoffgebilde ziehen sie in Haus und Garten ein und verblüffen Passanten. Die Zwerge werden nach einem simplen Bauprinzip aus Kegeln konstruiert. Ähnliches kennen wir bereits aus dem Kapitel „Keramik". Die schlichte Form hält gut, die Kinder können sich voll aufs Dekorieren konzentrieren. Die bunte Stoffhülle wird einfach aufgeklebt und individuell gestaltet. Durch den Tapetenkleister werden die Oberflächen strapazierfähig, aber nicht regenfest. Im Freien sind die Zwerge also nur Schönwettergäste. Am besten wirken ganze Figurengruppen.

Material

- größere Reststücke Pappkarton
- Paketklebeband
- Tapetenkleister
- breite Pinsel
- bunte Stoffreste
- Bastelfilz, Wolle, Leder, Moosgummi, Spitzen, Tüll
- Filzwolle oder ungesponnene Schafwolle, Wollfransen
- Marker, Plusterfarben, Filz- und Stoffmalstifte
- große runde Schüssel o.Ä. als Schablone

So wird's gemacht:

- Mittels Schablone Kreissegmente in der gewünschten Größe auf dem Karton markieren. Am besten zwischen einem viertel bis einem drittel Kreisumfang. Je kleiner das Segment, desto „schlanker" später die Figur. Der Radius entspricht der späteren Höhe.
- Ausschneiden, Kreissegment zu einem Kegel biegen und leicht überlappend an den geraden Kanten verkleben. Am besten geht es mit Paketklebeband. Notfalls vorher an der Unterkante mit Bürotacker tackern. Klebeband mehrmals rund um den Kegel führen.
- Kegel großzügig mit Tapetenkleister einstreichen.
- Stoffstreifen und zugeschnittene Stückchen überlappend aufkleben, bis die gesamte Oberfläche bedeckt ist. Die Stoffe dürfen ruhig mehrfach übereinander liegen. Die Unterkante sauber umkleben. Stoffhülle auch von außen mit etwas Tapetenkleister bestreichen. Dadurch wird sie unempfindlicher. Mützen nach Belieben leicht schräg biegen.
- Details aufkleben: längliche Stoffstreifen als Ärmel, Taschen, Rüschen, Mützen, Krägen, Schleifen, Krawatten, Fransen etc.
- Halbrunde oder eiförmige Gesichter und Hände aus beigem oder braunem

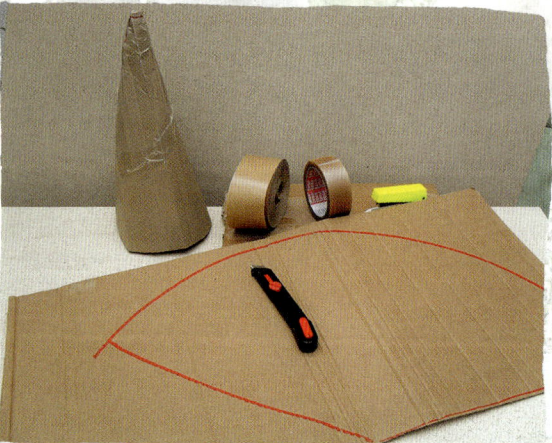

Material zuschneiden, auf guten Farbkontrast zu den sonstigen Stoffen achten. Für markige, wettergegerbte Zwergenveteranen eignen sich weiche Lederreste, die Zwergenmädchen bevorzugen Filz oder hautfarbenen Stoff, beiges Moosgummi ergibt ein glattes „Baby face" für die jüngeren Generationen…

➤ Nase aus gleichem Material ausschneiden und ins Gesicht kleben.

➤ Teile probehalber anhalten und in passender Position ankleben.

➤ Üppige Bärte und Frisuren, Zöpfe und Ponyfransen aus Schafwolle und Wollfransen ergänzen, mit viel Kleister befestigen.

➤ Letzte Details ergänzen. Trocknen lassen.

➤ Mit Malstiften Augen, klimpernde Wimpern, Münder, rote Bäckchen auf die trockenen Gesichter malen.

Tipp

Auf gleiche Art lassen sich andere Fantasiefiguren leicht aus Kegeln konstruieren: Die Engelschar erhält Flügel aus Pappe und wird mit Seidenresten, Glitzerstoffen, Pailletten, Glimmer- und Metallic-Farben ausstaffiert. Nikoläuse, Indoor-Gartenzwerge für den Wintergarten oder wilde Waldmänner mit Loden, Bast und Räuberhüten sind weitere reizvolle Themen.

Immer sieben: Zwerge und Zwergenmädchen.

Auf dem Meeresboden

Korallenriffe gehören zu den sensibelsten und farbenprächtigsten Ökosystemen überhaupt. Leider sind sie durch Umweltprobleme stark bedroht. Neben verästelten Steinkorallen tummeln sich weitere bizarre Lebewesen auf den Meeresböden aller Weltregionen. Seerosen, Seenelken, Seeanemonen gehören wie Korallen zu den so genannten Blumentieren und leben sesshaft an den Grund gebunden in der düsteren Tiefsee wie auch in Küstenbereichen, z.B. auch in der Nordsee. Im ersten Moment sehen sie wirklich wie bunte Blumen aus. Manchmal kann man sie außerhalb der Meere in Zoos und Aquarien besichtigen.

Mit Stoffen, bunter Wolle und Fasern lassen sich die faszinierenden Strukturen ausgezeichnet imitieren. Durch üppige Variationen der Grundform wird das Unterwasserrelief nicht langweilig.

Tipps für Kids:

Taucht ganz ab in bizarre Unterwasserwelten. Malt zunächst mehrere Formen vor, von denen ihr die schönsten dann für das Relief in Stoff ausschneidet.

Für ein „Unterwasserfoto" spannt ihr zum Schluss transparente Frischhaltefolie über das gesamte Bild. Oder klebt die Collage auf eine runde Pappscheibe mit einem aufgemalten Metallrahmen. Das Ergebnis wirkt dann, wie wenn man durch ein rundes Bullauge blickt.

Hautnahe Anregungen liefert das Meeresaquarium.

Material

- hellblauer Fotokarton, 40 × 60 cm
- weißes Papier
- Bürolocher
- interessant strukturierte Stoffreste, z.B. Frottee, Satin, Webpelz, Filz
- Woll- und Baumwollreste, Filzwolle
- bunte und weiße Papierreste
- Watte
- Filzstifte
- Alleskleber

So wird's gemacht

➡ Dezente Wellen oder Wasserpflanzen als Hintergrund auf den Fotokarton malen.

➡ Sackartige, etwa handgroße Körper aus den Stoffresten schneiden.

➡ Körper mit etwas Zwischenraum zueinander auf dem Fotokarton arrangieren. Am besten nicht gleichmäßig verteilen, sondern spannungsreich und unregelmäßig in Grüppchen.

➡ Körper nacheinander an den vorgesehenen Stellen aufkleben. Stoff dabei mit kleinen Wattebäuschen unterlegen. So wirken sie dreidimensional und viel echter.

➡ Wollfäden in kurze Fransen schneiden, Papier in schmale Streifen.

➡ Wolle/Papier büschelig oben an die Körper kleben. Die Enden ragen frei aus dem Bild. Papierbüschel leicht knüllen, damit sich ein stärkerer 3D-Effekt ergibt.

➡ Aus weißen Papierresten Konfetti stanzen, diese als „Luftblasen" zwischen die Seeanemonen kleben.

Blick in Meerestiefen: Farb- und Strukturvariationen lassen die vielfach wiederholte Grundform nicht eintönig wirken.

113

Kunst zum Aufessen

Bunte Multikultiwelt: Schokoküsse verwandeln sich in freundliche Gesichter, Marzipan wird zu kleinen Gauklerfiguren. (Zuckerschrift gibt es im Supermarkt. Marzipan portionsweise mit ein paar Tropfen Speisefarbe oder Saft von geriebener Roter Bete/Karotten, Kurkuma, Kakaopulver, Spinatsaft einfärben.)

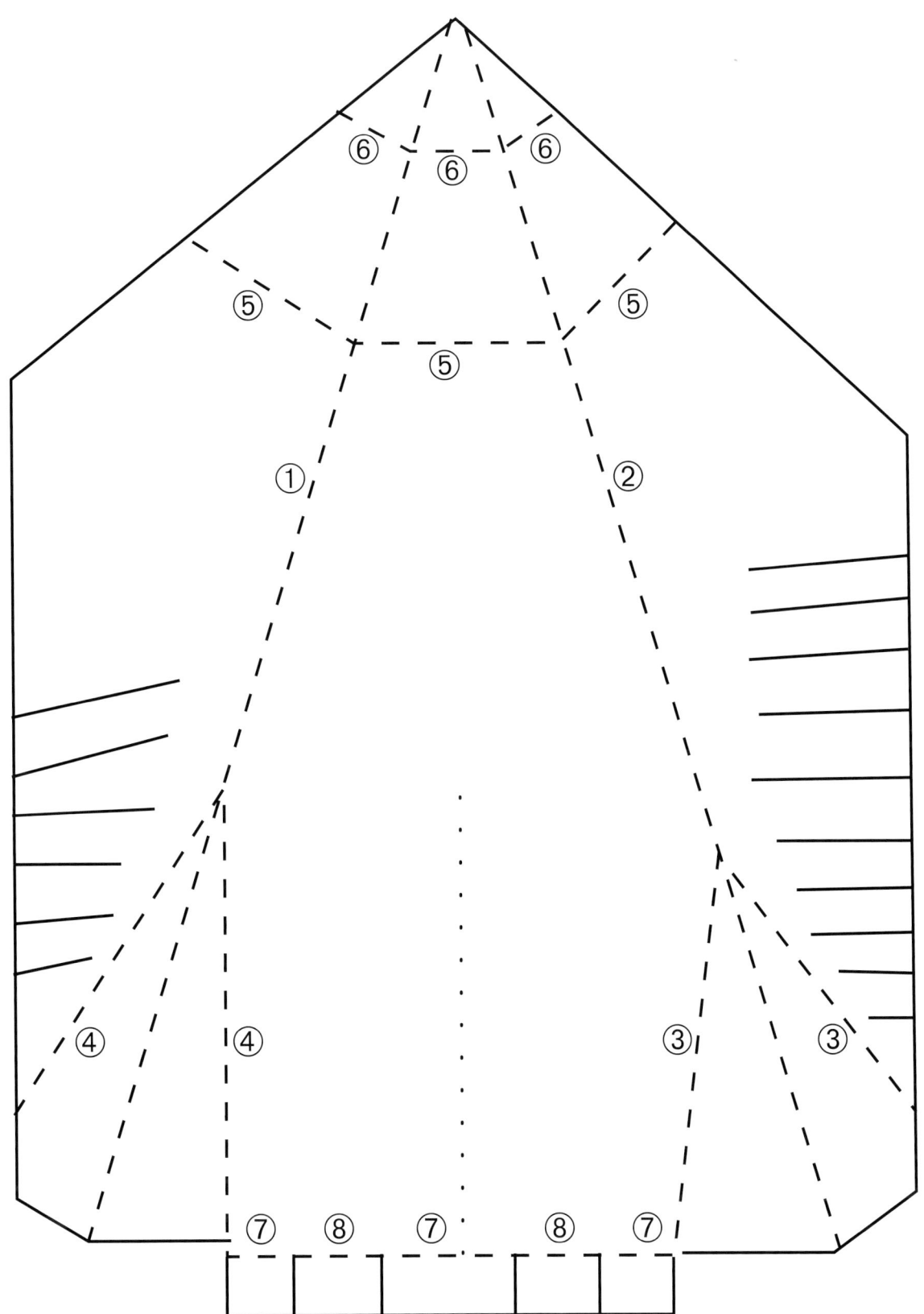

Skizzen und Schablonen in Originalgrösse

Seidenlaubenvogel
zwei Chamäleons
Dinosaurier

Linien abpausen oder fotokopieren und auf Tonpapier/Karton übertragen.

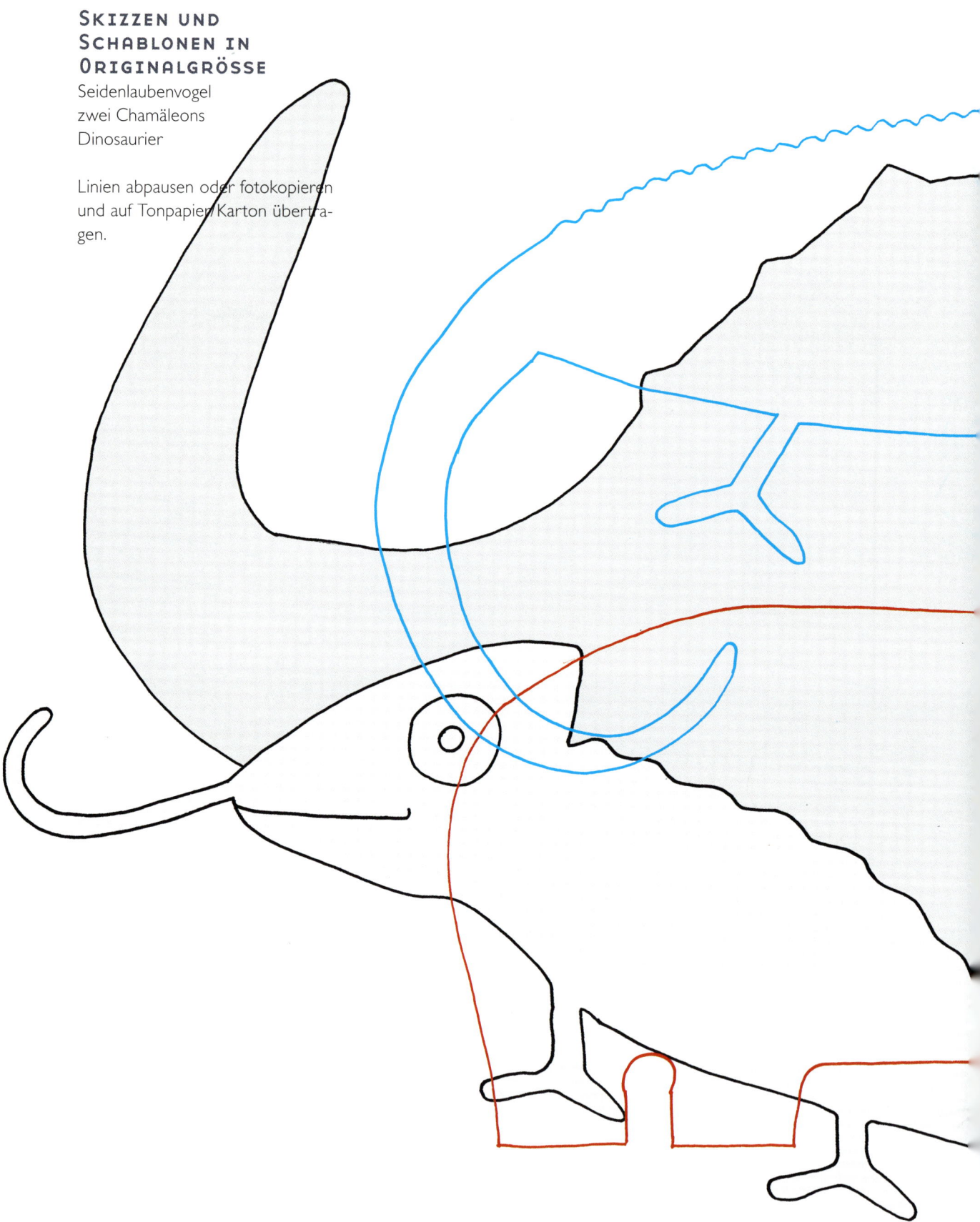

Autorin

Seit frühester Kindheit experimentiert die Autorin mit allen vorstellbaren Materialien und Werkstoffen, besonders mit Keramiktechniken. Nach Studium und Auslandsaufenthalten konnte sie Beruf und Hobby als Redakteurin und Übersetzerin direkt vereinen. Aktuelle Ideen gibt sie immer gern in Workshops und Veranstaltungen für Kinder und Erwachsene weiter. Natur, Umwelt, Freude an der eigenen Kreativität, Aktionen im multikulturellen Umfeld sind ihr weitere wichtige Themen. Sie lebt in Nürnberg und hat bereits zahlreiche eigene Bücher veröffentlicht.

Danksagung

Verlag und Autorin bedanken sich bei allen, die durch beigesteuerte eigene Werke und Anregungen sowie als Models zu diesem Buch beigetragen haben: Besucherinnen und Besucher der Keramikwerkstatt im K4, Nürnberg; Paula, Tessa, Elfrun, Maximilian, Anselm; Sandra und Daniella aus Gabun; Dieter Krumbach (Fotos); Doris und Martin Krottenthaler/ Studio Krottenthaler, Nürnberg; Eva Stühler-Reißmann (Fotos Seite 25 oben), Rainer Edelmann (Objekte Seite 39); Naturhistorische Gesellschaft Nürnberg; Presseamt der Stadt Nürnberg; Presseamt der Stadt Schwabach. Besonders bedankt sich die Autorin beim Verlag Andreas Hanusch, der wie immer aufgeschlossen und kreativ auch auf etwas wildere Vorschläge einging.

ISBN 978-3-936489-10-1

ISBN 978-3-936489-30-9

ISBN 978-3-936489-26-3

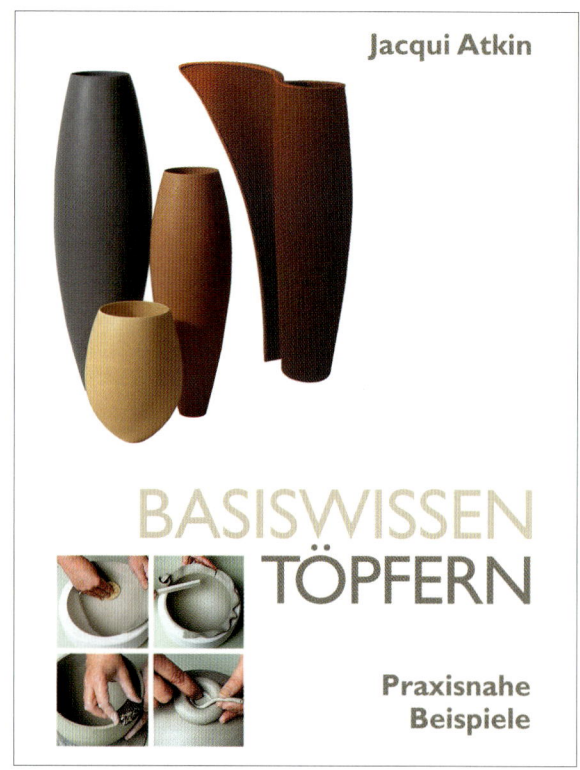

ISBN 978-3-936489-13-2